„Mond mitten im Herbst"
Zen - Weg - Richtung

Von L. Tenryu Tenbreul

Zu diesem Buch:
Dieses Buch ist eine Sammlung von direkten Ausdrücken während des Zazen (Kusen) sowie Vorträgen und Teisho, die im Dojo in Berlin, während Sesshin in Schönböken oder bei verschiedenen anderen Gelegenheiten gehalten wurden.

Angkor Verlag

Bibliografische Information der Deutschen Bibliothek:
Die Deutsche Bibliothek verzeichnet diese Publikation in der Deutschen
Nationalbibliografie; detaillierte bibliografische Daten sind im Internet über
http://dnb.ddb.de abrufbar.

Im Text wurden diakritische Zeichen weggelassen.

Mond mitten im Herbst. Zen-Weg-Richtung./Tenbreul, Ludger Tenryu. –
Frankfurt: Angkor Verlag, 2011.

© Ludger Tenryu Tenbreul 2011

Covergestaltung: Markus Ernst, Laurence Tenbreul

Website: www.angkor-verlag.de
Kontakt: webmaster@angkor-verlag.de
Herstellung: Books on Demand GmbH, Norderstedt

ISBN: 978-3-936018-67-7

Buchhandlung Lesezeichen
Liebfrauenstrasse 69
64289 Darmstadt
Fon: 06151/9 67 79 57
UID-Nr.: DE234600437

Unbreit:Mond mitten im Herbst
978-3-936018-67-7   25.00
Buch   25.00
                                     50.00
Rückgeld EUR   25.00

MwSt-Bruttoumsatz   25.00
00% MwSt.a   1.64
Nettobetrag   23.36

Anz Artikel   1

     Vielen Dank für Ihren Einkauf!

              Öffnungszeiten
    Mo - Fr 10:00-13:00 15:00 18:30
             Sa 10:00-14:00
Kasse/Bon   Datum/Zeit   Kassierer
 / 8053   07.11.11 11:29   1

Gewidmet meinen verehrten Lehrern: Taisen Deshimaru Roshi
Shuyu Narita Roshi

Ohne die Hilfe vieler Freunde und Weggefährten wäre dieses Buch nicht möglich gewesen.

Meinen herzlichen Dank an: Laurence Tenbreul, Steffi Geißler, Katja Ullrich, Bernd Schnallinger, Hauke Harder, Markus Ernst, Thomas Quitschau, Wolfgang Rothe, Nicole Brémond, Jochen Adam, Adrian Bayer, Ruth Sachs und darüber hinaus an die Sangha im Ganzen.

Fotos: Ralf Heintz, Regine Lahr, Jörg Baro, Christine Roos, Bernd Schönberger.

Inhaltsverzeichnis

Haupthaus und Park Zen-Zentrum/Tempel Schönböken, Mokushôzan Jakkôji

Erster Teil

Torhaus im Zen-Zentrum/Tempel Schönböken, Mokushôzan Jakkôji

Die steinerne Brücke

Die Brücke steht in der Landschaft, überspannt einen Fluss, eine Schlucht. Sie ist Teil des Friedens der großen Natur, Teil ihrer fundamentalen Ordnung oder Gesetzmäßigkeit. Die alte steinerne Brücke dient, ohne jemals nach Entlohnung zu fragen, und lebt doch gleichzeitig ihre Bestimmung.

Während sie nicht benutzt wird, ruht sie. Geht ein Mensch hinüber, wird sie aktiv als Brücke – „fließt über den Fluss."

Wenn man fragt, wer diese Brücke gebaut hat, so weiß es niemand mehr. Vielleicht gab es sie schon vor den Dingen, vielleicht hat die Landschaft sie geboren.

Die steinerne Brücke, die den Fluss überspannt, ist zeitlos. Zeit scheint in ihr zu fließen, doch genau deshalb steht sie unbewegt und stabil.

Unsere „eigene" Zeit, Leben und Tod, spiegeln sich in der unbewegten Zeit der steinernen Brücke, anfanglos, ohne dass dieser Prozess je an ein Ende kommt.

Auf ähnliche Weise gibt es die Haltung und den Geist des Zazen, Buddha-Weg.

Er ist übermittelt und war gleichzeitig immer schon da, so wie die alles umfassende Natur des Geistes, die sich der Begrifflichkeit entzieht.

Für einen Augenblick zurückkehrend in den tiefsten Grund des Geistes, kann jede Existenz in und durch sich selbst den Sinn ihres Daseins erfahren.

Die Form des Jetzt

Die Form des Sitzenden Buddha umfasst die zehn Richtungen, als auch alle Handlungen. Sie ist für jedermann offen – vorausgesetzt, es gibt die Ernsthaftigkeit, sich dieser Form ganz zu widmen.

Diese Form ist die natürliche Funktion der Essenz, nicht nur der äußere Umriss. Sie ist die Haltung, das Aufrechte, die rechte Spannung, auch die Kraft, die Energie, die lebendige Atmung und der Geist, der nichts festhält noch zurückweist.

Die ganzherzige Hingabe an diese Form ist selbst Buddha. Sie wirkt für sich selbst, durch sich selbst.

Darauf stützt sich der Glaube des Zazen-Geistes.

Einst imitierte ein kleiner Junge die Haltung eines steinernen Buddha. Er wurde später der vierte Patriarch Donin. Selbst eine Horde von Affen, die auf dem Geierberg lebte, Shakyamuni und seinen Schülern oft zusah und deren Haltung imitierte, verwirklichte vollständig den Weg.

Herauszufinden, was das Wesen dieser Form ist, ist die Angelegenheit eines ganzen Lebens.

Mit dieser Form vertraut zu werden, ermöglicht es dem Karma unserer Existenz, sich vollständig zu verwandeln.

Als Bodhidharma nach China kam, traf er den Kaiser. Dieser kannte noch nicht die Wirklichkeit der Form des Jetzt. Deswegen konnte er Bodhidharmas Aussage „die wahre Form des Jetzt ist jenseits der Idee von Arbeit und Lohn" nicht verstehen, weil diese Wirklichkeit jenseits der Möglichkeiten des Intellektes ist. Sie teilt sich nur mit durch reelle Erfahrung.

Es gab einen kurzen Wortwechsel, dann verschwand Bodhidharma für neun Jahre in den Bergen, ausschließlich konzentriert auf Zazen.

Neun Jahre schweigendes Sitzen sind die Art und Weise, durch Körper und Geist vollständig diese Form zu studieren und mit der Form der Berge und Flüsse vertraut zu werden. Dieses „Vertraut werden" mit der Form offenbart das Wesen, die Leerheit der Dinge.

Wenn wir unbewegt sitzen, scheint dieser Körper eine feststehende Form zu sein, aber indem sich das Bewusstsein dieser feststehenden Form zuwendet, realisiert der Geist, dass alles anfanglos in Bewegung ist und dass die Beständigkeit der Dinge aus dem Gleichgewicht dieser Bewegung kommt.

Wir beginnen mit dem Punkt von „mein Körper, mein Geist", aber indem wir durch unseren Körper, unseren Geist, die Form des Buddha erforschen, finden wir die wahre Form des Jetzt, den wahren Körper des Menschen, der die Dynamik des Universums enthält.
Deshalb bezeichnet man das Sitzen als „die letztendliche Handlung", obwohl es unbewegt ist.

Unser Leben atmet ein und aus, ausgespannt zwischen dem weiten Himmel und der tragenden Erde.
Die Gleichzeitigkeit, Simultanheit aller Existenzen findet statt in der „wahren Form des Jetzt". Sie drückt die umfassende Ausdehnung der Gegenwart aus, denn innerhalb dieser Gleichzeitigkeit werden die Dinge geboren und vergehen.

Wenn eine Person, die uns nahesteht, stirbt, empfinden wir einen Schock. Wir können nicht verstehen. Trotzdem müssen wir diese Tatsache annehmen.
Zazen bedeutet nicht, dass wir verstehen. Es bedeutet getroffen zu werden, die Situation als „ganzes Geschehen" in sich aufzunehmen und sie den Händen des ewigen Buddha anzuvertrauen.

Die Landschaft des Lebens existiert schon in der Tiefe des Geistes. Sie erwacht zum Leben, wenn ihre Zeit gekommen ist, und wird Form des Jetzt.

Geboren zu sein und Sterben sind Aktualisierung dieser beständigen Aktivität und in sich vollständig.

Unseren Körper und Geist der Illusion benutzend, jetzt unserem Leben diese Form des Zazen gebend, können wir unmittelbar befreit werden durch das Wirken dieser Form.

So kann diese Freiheit innerhalb des Gebunden-Seins, innerhalb der Begrenzung, von Augenblick zu Augenblick verwirklicht werden.

Indem wir die Form des Buddha unser Leben lang praktizieren, wird auch das Ende unseres Lebens zur „wahren Form des Jetzt".

Eine tiefe Furche ziehen

Wenn man mit einem Wagen über ein frisch umgepflügtes Feld fährt, entstehen Spuren. Wenn man mehrmals in den gleichen Spuren fährt, vertiefen sie sich zu Furchen, zu ausgetretenen Wegen, und manchmal ist es schwierig, diese Furchen, diese eingefahrenen Wege zu verlassen.

Das Feld unseres Lebens besteht aus vielen solchen Spuren, Furchen und Wegen, die mehr oder weniger tief eingefahren sind. Sie wirken zum Teil aus dem Unterbewusstsein heraus auf unser Leben. Es liegen auch die verschiedensten Samen in dieser Erde und keimen auf – manche sind gut, andere nicht so gut.

Zazen bedeutet nicht, dieses Feld abzubrennen oder wieder glatt zu harken, sondern in dieses Feld des Lebens die tiefe Furche des unkonditionierten Geistes zu ziehen. Diese Furche muss sich unbewusst vertiefen, so dass sie nach und nach alle anderen in sich hinein zieht.

Die verschiedensten kreuz und quer laufenden Spuren winden sich mit der Zeit in eine Richtung und bilden die tiefste Furche, die Furche des Weg-Geistes.

Das Wasser wird natürlicherweise dorthin fließen und von dort aus den Boden fruchtbar machen.

Unsere bewusste Bemühung oder Anstrengung muss gekoppelt sein mit der natürlichen Kraft, die diese Furche entfaltet.

Wir halten uns im Leben oft an abstrakte Vorstellungen, glauben dies oder das, halten dies oder jenes für richtig oder falsch, aber unser Leben orientiert sich trotzdem unbewusst häufig an anderen Einflüssen.

Im Kopf kann man leicht eine Entscheidung treffen. Trotzdem werden Körper und Unterbewusstsein nicht unbedingt folgen.

Sobald es jedoch Übereinstimmung gibt in Körper, Bewusstsein und Unterbewusstsein, bewegen sich die Hauptkräfte in die gleiche Richtung.

Wenn wir die Zazen-Haltung mit Geduld üben, eben auch wenn es schwierig ist, wird die wesentliche Furche gezogen, gegraben.

Diese Furche zieht sich nicht immer leicht. Aber man kann auf sie vertrauen. Sie ist kein Kunstgebilde und nichts, was in ferner Zukunft liegt.

Der Geist der Nicht-Zweiheit ist in der Lage, überall hin tief vorzudringen, durch den härtesten Stein hindurch. Das, was flexibel schien, erweist sich manchmal als hart und scharf. Das, was hart schien, erweist sich manchmal als flexibel und nachgebend.

Egal wo wir uns befinden, für solchen Geist ist es immer der angemessene Ort, das fruchtbare Feld.

Der Frühling kommt

„Wenn der Frühling kommt, öffnen sich die Blüten. Wenn die Blüten sich öffnen, kommt der Schmetterling. Wenn der Schmetterling kommt, ist der Frühling da."
Dies ist ein berühmter Satz von Meister Ryokan.

Sowohl die Blüte als auch der Schmetterling verkörpern den ganzen Frühling und doch bewahrt jede Erscheinungsform ihre Unabhängigkeit.
Der Frühling erschafft den Menschen des Frühlings, und der Mensch des Frühlings antwortet.
Den Weg zu üben bedeutet, dass dieses Antworten angemessen wird. Und diese Angemessenheit wird Bestätigung des Frühlings.
Aber der Mensch des Frühlings ist nicht nur passiv. Er antwortet nicht nur, sondern er schafft auch selbst den Frühling.

Shakyamuni Buddhas Erwachen ist das Erwachen des Frühlings. Es offenbart jedem Wesen seine ursprüngliche Identität, jedem Geschehen seine Einzigartigkeit. Deshalb brachte Shakyamuni den Menschen nichts „Besonderes". Aber er übermittelte diesen Weg und ließ alle, die dafür offen waren, teilhaben daran.

In unserer Selbstverblendung sind wir oft nur mit unserer kleinen Welt beschäftigt und vergessen schnell, dass andere auch ein Teil dieses Universums sind. Wir erwarten, dass unsere Umgebung sich um uns kümmert, und häufig haben wir das Gefühl, dass wir nichts zu geben haben. Aber eigentlich können wir, genauso wie es Blüten im Frühling oder Blätter im Herbst tun, uns selbst in diesem Moment geben.

Der Mensch des Jetzt ist unser ursprünglicher, vertrauter Begleiter, den es schon vor unserer Geburt gab. Wir hatten ihn längst vergessen.
Im Üben des Weges finden wir ihn wieder – das ist das Erwachen des Frühlings.

Jeder Augenblick ernsthafter Bemühung erweitert den Spielraum des Weg-Geistes und entleert das Herz von einem Übermaß an Ich.
Auf diese Weise werden Herz und Geist frei den Augenblick zu empfangen, dessen Fülle grenzenlos ist.
Ohne Gedanken und Empfindungen wäre unsere Existenz nichts.
Gedanken und Empfindungen sind ihr natürlicher Ausdruck, doch müssen wir ihren Hintergrund erfahren.
Gedanken, Empfindungen, Handlungen – wenn wir sie verwirklichen als Blumen der Leerheit, sind wir durch sie nicht gefangen, und wir beschmutzen sie nicht. Das ist Natürlichkeit.

Der Frühling erschafft den Menschen des Frühlings, der „ohne Rang und Namen" ist.
Sich selbst zu finden ist sich selbst zu empfangen auf diese Weise.
Wenn der Mensch des Frühlings auftaucht, ist der Frühling da.

Wie viel Zeit braucht man?

Wie lange muss man sitzen, um erleuchtet zu werden? Wie viele Leben braucht man, um Buddhaschaft zu erlangen?
Wenn der Geist sich in solche Fragen verstrickt, schließt er sich selbst in eine Sackgasse, in eine Blase ein und erstickt darin.
Von einem anderen Standpunkt aus betrachtet, hat die Frage der Dauer jedoch einen tieferen Aspekt. Die Dauer ist jetzt. Dieser

unabhängige Augenblick sprengt sofort das gewöhnliche Korsett der festgelegten Zeit.

In dem Punkt, in dem sich Körper und Geist, Zeit und Raum begegnen und *eine* Realität werden, öffnet sich die Welt des ewigen Jetzt.

Das Sitzen hat niemals begonnen, es fand schon immer statt. Das ganze Universum hat nie etwas anderes getan. Deshalb ist das Sitzen in Zazen das Zurückkommen des Menschen zum ursprünglichen Zustand der Dinge.

Alle Ereignisse, alle Verwandlungen tragen dieses anfanglose Sitzen in sich. Deshalb sind Ruhe und Bewegung nicht verfeindet, und es gibt keine Kluft zwischen Zazen und dem alltäglichen Leben.

Aus diesem Grunde verdienen die alltäglichen Handlungen unsere Aufmerksamkeit.

Wie viele Leben braucht man, um Buddhaschaft zu verwirklichen? Welches Maß hat ein Leben? Ist es ein Augenblick oder eine Ansammlung von Augenblicken?

Viele Augenblicke können in einem Augenblick enthalten sein, viele Leben in einem Leben. Wir täuschen uns leicht, wenn wir über Leben und Tod sprechen.

Wenn das Leben dieser umfassende Augenblick wird, ist Buddhaschaft jetzt verwirklicht, jenseits der Vorstellung von „etwas erreichen".

Wenn es viele Leben dauert, um Buddhaschaft zu verwirklichen, dann ist die Dauer selbst, die ohne Anfang oder Ende ist, der ewige Weg, der sich Moment für Moment aktualisiert.

Von nirgendwo kommend

Als Daikan Eno, der sechste Patriarch in China, noch ein junger Mann war, der auf dem Markt Holz verkaufte, hörte er einmal einen vorbeigehenden Mönch einen Vers aus dem Diamant-Sutra rezitieren. Das Hören dieses Verses berührte ihn tief, und er entschied sich, sein Leben zu ändern, den Weg zu üben und einen Lehrer zu suchen.

Der Vers aus dem Diamant-Sutra war: „Der Geist, der sich nirgendwo niederlässt, an nichts anhaftet, ist der wahre, der authentische Geist, ist Buddha-Geist."

Der Geist, der „von keinem Ort Besitz ergreift, nirgendwo festhält", verwirklicht sich durch sich selbst innerhalb der Praxis jetzt – nicht notwendig, ihn durch unser „Kopfdenken" erschaffen zu wollen.

Er kommt von nirgendwo her und geht nirgendwo hin. Er ist bereits jetzt in diesem Sitzen gegenwärtig, aber nicht geteilt, ungezwungen, jenseits von Anstrengung und Arbeit.

Dennoch ist rechte Anstrengung jetzt ein essentieller Punkt. Es ist eine Bemühung oder eine Hingabe jenseits unserer persönlichen Werte und Urteile, so wie es in der Natur des Feuers liegt, zu brennen.

Im täglichen Leben, Tag für Tag, Moment für Moment, gibt es viele Begegnungen.

Es gibt die Arbeit, Familie, Beziehungen, Verantwortlichkeiten, und darin müssen wir ein gewisses Anhaften haben. Dieses Anhaften besteht darin, die Dinge zu schützen, die wir zu schützen haben, und uns um die Dinge zu kümmern, um die wir uns zu kümmern haben.

Gegenwärtigkeit ist das eigentliche Gefäß, das alles besitzt, umfasst, in dem alles stattfindet – auch unser Leib und Leben sind in diesem Gefäß.

Wenn wir in diesem Sinne mit Verantwortlichkeit und Wachheit handeln, kann der Geist, der von keinem Ort Besitz ergreift, sich auf eine ungezwungene Art und Weise verwirklichen, und Körper und Bewusstsein finden darin von selbst ihre natürliche Wechselwirkung.

Das, was in Daikan Eno tief berührt war, ist eben dieser Geist, der an nichts anhaftet und keinen Ort ergreift. Vielleicht ist dies das Reinste, Lauterste und Tiefgründigste unserer Existenz.

Das Boot

Wenn Körper und Geist quer liegen zur Wellenlänge der kosmischen Ordnung, entsteht eine Verzerrung. Bis zu einem gewissen Grad ist es notwendig, diese Verzerrung zu erfahren, um aufzuwachen, aber dann geht es darum, sich neu einzufügen. Aber wie?
Die Antwort auf diese Frage ist nicht übertragbar. Jeder muss sie selbst erforschen.

Als Menschen der Illusion besteigen wir das Boot des Lebens. „Den Mast setzen, das Ruder führen, die Segel setzen"[1] ist ein Sinnbild für den Moment, ab dem unser Leben durch Praxis, durch Zazen geleitet wird.
Sind wir vollständig absorbiert in die Handlungen der Praxis, in die Handhabung des Bootes, „kommen der Himmel, das Wasser und die Küste zusammen zu diesen Augenblicken des Jetzt."[2]

Das Boot funktioniert, fährt zusammen mit Wind und Wellen, und dennoch muss es darin etwas geben, das Kurs hält – die in uns liegende, lebendige Quelle des Glaubens.

---

[1] Shobogenzo Zenki
[2] Shobogenzo Zenki

Wenn wir, gegründet auf Zazen als Akt der innersten Natur des Glaubens, unser Leben zum Boot machen, darin den Mast setzen und das Ruder führen, können in unserem Alltag viele Augenblicke sein, in denen Himmel, Wasser und Küste zusammenkommen und zu diesem ganzen Augenblick werden.

Wir können darauf warten, dass unser Leben uns entsprechend unseren Vorstellungen Glück bringt und unsere Wünsche erfüllt, oder wir können selbst das Leben zum Boot machen. Es gibt diese Wahl.
Wahres Glück erscheint in dem Moment, indem sich unsere Praxis, unser Tun, unser Leben bewähren.
Dort liegt der Unterschied zwischen Buddha und dem Gefangensein in der Samsara-Welt, obwohl das eine im anderen stattfindet. Unser Leben wird soziales Karma, unter dem wir leiden, oder es wird der Ozean der Praxis, in dem wir die Augenblicke im Boot erfahren.

Uns wird die Welt geboren, die unserem Geist entspricht.
„Deshalb ist das Leben das, was ich mit dem Leben mache, und ich bin das, was das Leben mit mir macht. Dies ist so, weil das Leben dieses Selbst ist, und das Selbst dieses Leben." [3]

Da liegt die Freiheit des Bodhisattva oder des Menschen des Weges.

---

[3] Shobogenzo Zenki

Die leere Stupa

Seit alter Zeit bauen Menschen zur Verehrung des Buddha und seiner Lehren Stupas.

Stupas sind Gebilde, hergestellt z.b. aus Lehm oder Ziegel, die die vier Elemente Erde, Feuer, Wasser, Luft repräsentieren. Manchmal ist noch, als fünftes Element, der Raum hinzugefügt.

In den Stupas wurden und werden Gebeine oder Asche aufbewahrt, manchmal Sutren oder Gegenstände, die den Charakter von Reliquien haben.

Oft waren diese Stupas auch einfach leer und das Bauen und respektvolle Umrunden war die eigentliche Gestalt, das eigentliche Werk.

Sowohl die Stupa selbst als auch die Sutren, die darin aufbewahrt wurden, betrachtete man als universellen Körper oder als die Gebeine des Buddha oder Tathagata, des „So Kommenden".

Aus dieser Perspektive gesehen, eröffnen sowohl Stupas als auch die Sutren eine Dimension, die nicht auf den ersten Blick sichtbar wird, obwohl sie nicht versteckt ist.

Sutren haben Kraft, sowohl während sie schweigen, als auch während sie „in Bewegung" sind. Damit verhält es sich ähnlich wie mit der Aktivität des Universums, die in einem Augenblick vollständige Ruhe ist, in einem anderen die zehntausend Handlungen und Ereignisse.

Die Gestalt der Stupa ist gebildet aus den Symbolen der vier Elemente. Ihr Zusammenwirken ist ohne Beginn, sich beständig erneuernd. Es ist der Körper des wahren Buddha, der aktualisiert wird in der Praxis, in Zazen selbst und im Rezitieren, im Niederschreiben oder Übermitteln eines Sutras.

In der lebendigen Ausübung erwacht dieser Körper in uns und lässt „den gewöhnlichen Menschen der Illusion" unmittelbar an sich teilhaben.

Das Sutra selbst, sein Klang, war schon immer in uns, schon immer in Aktion.

Es füllte schon immer den ganzen Raum aus und gleichzeitig verharrte es schweigend in einer leeren Stupa. Jemand entdeckte es, berührte es und fühlte in der Tiefe seiner Selbst urplötzlich dessen Kraft und Klang.

Zazen wird lebendig als konkrete Gestalt, als leere Stupa oder als Klang des großen Sutra. Wir können immer dorthin zurückkehren. In diesem Selbstvertrauen können wir unser Leben erschaffen, Körper und Geist mit dem Ursprung harmonisierend. Wir können das als die eigentliche Form begreifen, das fundamentale Ritual, das sich selbst weiter trägt, unbewegt und doch zeitlos wirkmächtig.

Deshalb machen wir Sampai vor der leeren Stupa, in der der Wind spielt.

Die Sutren rezitieren

Es hat keinen besonderen Nutzen, die Sutren zu rezitieren.

In der täglichen Praxis, die durch viele Generationen hindurch übermittelt ist, tun wir es jedoch einfach und erfahren so in uns selbst die Stimme der alten Buddhas und Patriarchen.

Ihre Geschichte beginnt in uns zu leben, sich in uns neu zu verkörpern.

Wir rezitieren die Sutren nicht, um eine Wirkung zu erzielen, sondern indem wir es mit Ernsthaftigkeit tun, aber nicht zu ernst, entfalten sie ihre eigene Kraft. Es zu lernen und dann auszuüben, wirkt in uns hinein, findet seine eigene Resonanz. Aus unserer alltäglichen Praxis heraus werden wir damit vertraut.

Wir werden vertraut mit einem alten Klang, der aus der Mitte, dem Zentrum der Stille kommt, und dann ist es nicht mehr

befremdend, dass es das Sutra des Flusses im Tal gibt. Im Gegenteil, es gibt unserer Existenz eine Note, die wir sehr schätzen werden.
Selbst im Lärm der geschäftigen Großstadt erinnert es uns an unsere ureigenste Natur.
So ist das Übermitteln und Rezitieren der Sutren natürlicher Teil der Übung des Weges.
Das Rezitieren der Sutren findet meistens in der Gemeinschaft der Übenden statt, z.b. morgens oder abends nach dem Zazen, aber manchmal auch als Gabe oder Geschenk an die Menschen unserer Umgebung oder die Gesellschaft an sich.

Da es in diesem Üben und Studieren nicht darum geht uns etwas anzueignen, sondern es einfach nur zu tun, empfangen wir in diesem Tun sein natürliches Wirken und lassen die anderen und unsere Umgebung an den Früchten der Übung teilhaben.

Unser Glück erschaffen

Wenn nichts unser Herz bedrängt, wenn das Herz nichts Besonderes sucht, ist es glücklich. Wenn Körper und Geist sich in Zazen niederlassen, ohne etwas Besonderes zu suchen, sind Augen und Ohren, Mund und Nase zufrieden. Auch die Hände sind einfach da, entleert und erfüllt zugleich.
Auf dem Weg verlieren Nah oder Fern ihre Bedeutung, man geht voran im stillen Zentrum des Geschehens. Darin sind wir unbewusst, natürlich glücklich.
Körper und Geist fühlen sich wohl, das Herz ist ruhig, ohne besondere Wünsche, ohne ängstliche Besorgtheit.
So wird das alltägliche „den Weg üben" zur Quelle eines ruhigen Einverstandenseins, das unsere Lebenskraft nährt und inspiriert. Unser tagtägliches Leben schöpft daraus.

Wenn Körper und Geist in der gegenwärtigen Zeit sind, werden sie von der Ewigkeit getragen, und so werden wir unseren Weg auch morgen finden und darüber hinaus. Wenn wir uns jedoch heute über unser Glück von morgen Sorgen machen und dem Glück von gestern nachtrauern, können wir nicht glücklich sein, denn es gibt gar keinen Platz dafür. So wird unsere Haltung gekrümmt und schwach, Geist und Herz werden unruhig.

Das Zurückkehren von Körper und Geist zu ihrer lauteren Quelle wird das Glück von jetzt und von morgen. So wird „jeder Tag ein guter Tag", auch wenn es schwere Tage gibt.

Unser Leben, unser Glück erschaffen, geschieht nur im Zusammenhang mit dem umfassenden Hintergrund, nicht nur allein für und durch uns selbst. Es geht nicht aus der Idee heraus „ich will glücklich sein".

Herz und Geist sind glücklich, wenn sie zu ihrem ursprünglichen Zustand zurückkehren, so wie das Kind glücklich ist, wenn es sich in die Arme der Mutter fallen lässt.

Wenn wir uns in Zazen setzen können, das Kesa anlegen, dem Weg zuhören und ihn ausüben können, haben wir den Schlüssel für wahres Glück in den Händen und es gibt keinen Grund mehr sich zu beschweren.

Als Shakyamunis Augen den Morgenstern betrachteten, fiel vielleicht der letzte Rest einer inneren Last von seinem Gemüt ab, und dieses „Abfallen" war ein Merkmal seines großen Satori. Ein lauteres Herz, ein lauterer Geist.

Aus dieser inneren Befreiung heraus lehrte er den achtfachen Weg, dessen Wurzel Zazen ist.

Den Geist entrümpeln

Von Zeit zu Zeit fühlen wir das Bedürfnis, unsere Wohnung zu entrümpeln und gründlich zu putzen. Nachdem wir das getan haben, können wir die Dinge, die wir wirklich wollen, wieder hineinstellen. Eine solche Aktion gibt uns ein Gefühl von Klarheit und Wohlbefinden.

Auf der Ebene des Geistes findet solches Entrümpeln durch das Sitzen statt. Es ist gleichbedeutend wie einer Pflanze Luft, Raum und Licht zu geben, damit sie hervorkommt, wächst und stark wird, in sich selbst ruht, ohne sich anzulehnen.

Wir stellen den gesamten Inhalt des Bewusstseins oder unserer selbst zur Disposition, übergeben ihn an den Kosmos. In dem Moment, in dem das geschieht, ist unsere Bestimmung unmittelbar erfüllt.

Dem So-Sein brauchen wir weder irgendetwas wegzunehmen, noch hinzuzufügen, es geschieht von selbst, füllt die Hände aus, Körper und Geist, so wie ein Fluss das Flussbett ausfüllt.

Die kleine Abweichung

Sobald wir beginnen, nach der Wahrheit Ausschau zu halten, schaffen wir eine Trennung. Dennoch ist im Leben der Moment des Aufbrechens wesentlich.

Dogen Zenji sagt im Fukanzazengi: „Wenn jemand beginnt, die Wahrheit zu suchen, so ist er doch gleich weit davon entfernt. Wenn es im Geist die kleinste Abweichung gibt, bleibt der Weg so fern wie der Himmel von der Erde."

Die kleinste, minimalste Abweichung – und schon ist der Weg so weit entfernt wie der Himmel von der Erde.

Wird „meine Praxis" jemals so gut sein, dass es diese kleinste, minimale Abweichung nicht gibt?

Wir strengen uns an durch unseren Willen, unser Bewusstsein, unsere Aufmerksamkeit. Wir machen Erfahrungen, kommen in etwas Tieferes hinein, haben fast das Gefühl, das Satori an einem Zipfel erwischt zu haben, und dann ist alles wieder weg. Die Probleme des Alltags tauchen von neuem auf. Was ist zu tun?

Wenn wir wirklich realisieren, dass es nicht möglich ist, diese kleinste Abweichung zu vermeiden, gelangen wir an einen vitalen Punkt. Wir erfahren ein Scheitern des Ego. Manche Leute geben dann die Zazen-Praxis auf. Aber genau in solcher „Sackgasse" stehen wir mitten im torlosen Tor des großen Weges.

Indem wir innig verstehen, dass wir durch unser Ich allein nichts tun können, öffnet sich der große Weg. Zazen wird einfach Zazen, das Alltägliche wird das Alltägliche und entfaltet doch seine ihm eigene Magie.

Das Entscheidende ist, dass wir der existentiellen Angelegenheit unseres Lebens mit ganzer Hingabe auf den Grund gehen. Dabei stoßen wir auf unsere Begrenzungen.

In der wahrhaften Anerkennung dieser Beschränkung, verneigen wir uns innerlich und übergeben uns selbst an Himmel und Erde. Ohne die geringste Verzögerung umfasst dann der Weg alles.

Zu dem Zeitpunkt, an dem wir verstehen, dass „dieser kleinsten Abweichung" nicht zu entkommen ist, werden wir wahre Menschen.

Die aktive Vergangenheit

Wenn wir Gegenwart leben wollen, müssen wir ein tieferes Gefühl für unsere Vergangenheit bekommen, denn viele zurückliegende Leben verwirklichen sich jetzt, formen das Jetzt, werden unser Jetzt.

„Unsere Konditionierungen sind das Erbe der weit zurückliegenden Aktivität unzählbarer Augen und Hände." [4]

Wenn wir keinerlei Gefühl entwickeln für diesen tiefen unbewussten Lebensstrom, sind wir wie Blinde, die im Auf und Ab des Lebensrades herumhetzen und untergehen.

Auch unsere Übung des Weges wird ohne dieses „tiefere Ahnen" keine Reife erlangen.

Gegen den grundlegenden Strom vermag unser Wille nichts, aber sich mit ihm harmonisierend, kann unser Leben Erfüllung finden, und Werke können vollbracht werden.

Wenn unser Leben in Berührung kommt mit dem Weg, dann ist das eine wesentliche Chance. Hier brauchen wir den Mut zur Geduld, damit sich unser jetziges Tun mit der unbewussten Kraft der Vergangenheit verbinden kann. Darin werden wir unzählbare Facetten unserer Existenz kennen lernen und gleichzeitig erfahren, dass sie nicht so „wahnsinnig bedeutend" sind.

Manchmal drücken uns Kräfte nieder, die wir uns nicht erklären können, manchmal bewirken kleine Ereignisse oder Wendungen eine ganz neue Perspektive, und wir erfahren Wandlungen. Unsere konzentrierte Bemühung ist darin wesentlich, als Feuer, das Verschmelzung und Verwandlung möglich macht.

---

[4] Wanshi Zenji

Wir sollten uns darüber klar werden, dass unsere Bonno und Illusionen stark sind und tief verankert; aber dass sie gleichzeitig der Teig sind, der, geknetet und gebacken, zu Brot wird.

Der unbewusste Speicher, sowohl der Unwissenheit wie auch der Unschuldigkeit, kann nicht durch das Bewusstsein objektiviert werden, weil er zu „groß" ist. Er ist einfach da, weder gut noch schlecht. Als anfangloser Lebensstrom bringt er seine Macht zum Ausdruck im unterbrechungslosen Auftauchen von Lebensdurst, Festhalten oder Leiden, und bestimmt in der Dunkelheit Augenblick für Augenblick unsere Existenz. Es ist das innere Merkmal unseres Daseins.

Indem der Weg-Mensch das Karma der Vergangenheit als Nahrung für das Feuer der Praxis aufnimmt, verschmilzt seine Handlung jetzt mit dem anfanglosen Strom, und es entsteht die Kraft der Verwandlung.

Innerhalb dieses treibenden Lebensstromes mit ganzem Herzen die Haltung des Buddha zu bilden ist der Weg. Es bedeutet, unser Karma, unsere ganze Geschichte innerlich ohne Einschränkung anzuerkennen, Sampai zu machen, und sie gleichzeitig auf neue Art und Weise zu gestalten.

In der ursprünglichen Leerheit wird die Existenz erneuert.

Im Bauch des ewigen Buddha

In einem alten Sutra wird gesagt, dass sich unsere ganze Existenz im „Bauch des ewigen Buddha" befindet.

Wenn wir die korrekte Spannung der Zazen-Haltung finden, die rechte Spannung von Körper und Geist, kehrt alles zurück in „den Bauch des ewigen Buddha", in die Situation des Potentials, die Möglichkeit in alle Richtungen zu gehen, vor jeglicher

Unterscheidung. Die Situation des Potentials ist unsere natürliche Quelle der Erneuerung.

Das Leben steht niemals still. Alles wandelt sich ohne Unterlass. Wenn wir dem Leben selbst keine Richtung geben, nimmt es einfach eine Richtung. Darin spielen unser Erbe, unsere Geschichte, unser Karma eine wesentliche Rolle.
Wenn uns die Richtung unseres Lebens klarer ist, gibt uns Zazen eine große Kraft – einfach weil die Situation des Potentials in sich große Kraft hat.

Zazen, Sitzen, und das Verstehen, welche Richtung wir unserem Leben geben, gehören zusammen.
In Zazen wird die Bewegung des Lebens nicht gestoppt oder innegehalten, sondern Ruhe und Bewegung sind darin ineinander gefügt.
Unser Leben ist jedoch nicht nur dieser Moment des Sitzens. Der Aspekt der Bewegung und der Entwicklung ist in jeder Situation sehr stark – wir haben im Leben sozusagen keine andere Chance als immer auf gleicher Höhe mit der Bewegung zu sein. Während wir aber ganz in Anspruch genommen sind im Gefühl der Bewegung und Entwicklung, ist das Potential unsichtbar und scheint nicht zu existieren, doch es wirkt im Hintergrund.

Jeder von uns hat seine Geschichte. Eine ganze Menge Dinge scheinen festgelegt. Wenn wir das als Begründung nehmen, um uns enttäuscht vom Leben abzuwenden, sind wir dabei, uns selbst den Ast abzusägen, auf dem wir sitzen.
Innerhalb dieses einzigen Lebens gibt es nur dieses einzige Leben. Da es „einzig" ist, kann es nicht verglichen werden. Es enthält die Welt.

Diese Welt ist real und gleichzeitig ein Traum – Ku.

Wenn, mitten in diesem Traum, das Bewusstsein an keinem Objekt haftet und einfach im natürlichen Fluss des Daseins ruht, ist das stabiler Geist.

Es ist die Situation, in der die Welt und alle Dinge ohne Unterlass aus sich selbst neu geboren werden, im „Bauch des ewigen Buddha".

Große Fische

Große Fische durchmessen die Weite des Ozeans mit ruhigen, beständigen Bewegungen. Hektik, Eile oder Schnelligkeit sind in dieser Dimension hinfällig.

Von A nach B zu kommen hat für sie keine Priorität, denn sie sind immer im Zentrum ihrer Aktivität. Große Fische werden im Wasser geboren, und wenn ihre Zeit zu Ende ist, werden sie wieder Teil des Ozeans. Sie sind während ihres ganzen Lebens das Leben des Ozeans und der Ozean ist ihr Leben.

Der große Fisch des stillen Geistes zieht mit ruhigen und beständigen Bewegungen durch die Weite des Raumes, durch den Ozean der Zeit.

Manchmal werden die großen Fische begleitet von einer Gruppe oder einem Schwarm kleiner Fische, einer Gruppe oder einem Schwarm bunter Gedanken, die kurz im Licht aufblitzen und dann wieder verschwinden.

Wenn die Bewegung des großen Fisches klar und kraftvoll ist, braucht er keine Anleitung, denn er findet die Richtung aus sich selbst. Wenn unser Geist in die Bewegung der vielen kleinen Fische verstrickt ist, brauchen wir umso mehr die Atmosphäre des Dojo, die uns die Richtung wieder finden lässt. Ansonsten gibt es nichts Besonderes zu tun.

Für den großen Fisch der Sammlung des Geistes sind Eile, Hektik oder irgendwo ankommen nicht von Bedeutung, denn das Ankommen liegt schon in seiner Gegenwart.

Die Zeder

„Hat die Zeder Buddha-Natur oder nicht?" Joshu sagte: „Sie hat sie."
Dann fragte der Schüler noch einmal: „Wann wird die Zeder zum Buddha?" und Joshu antwortete: „Sie wartet auf den Augenblick, wenn der leere Raum auf die Erde fällt."
„Wann fällt der leere Raum auf die Erde?"
Die letzte Antwort von Joshu war: „Er wartet auf den Augenblick, wenn die Zeder Buddha wird." [5]

Die Zeder im Garten ist kein Ding, sie ist was sie ist und gleichzeitig anders. Sie hat viele Aspekte, die uns gewöhnlich verborgen bleiben. Eine Zeder ist kein Ding. Buddha-Natur ist kein Ding. Buddha-Natur ist eben die lebendige Funktion der Zeder.
Durch die Zeder im Garten begegnen wir uns selbst, und durch den Geist der Praxis wird die Zeder bestätigt als wahre Zeder.

„Wenn der Raum auf die Erde fällt" ist ein Ausdruck für die Aufhebung der Gegensätze.
Wenn die Gegensätze aufgehoben sind, kehren alle Dinge zurück zu ihrer Quelle und sind, was sie sind. Dies geschieht unmittelbar.

Das wahre „hier und jetzt" ist eine Qualität des Geistes – nicht objektiv messbar.

---

[5] Shobogenzo Hakujushi, „Die Zeder"

Selbst wenn es Uhren gibt, die eine Millionstel Sekunden messen können, bleiben diese nur abstrakt, solange sie nicht mit Leben erfüllt sind. Deshalb sagen wir so etwas wie „dieser Augenblick ist langweilig" oder „jener Augenblick ist spannend", und merken dabei nicht, dass wir ihn da mit einer Empfindung verwechseln, denn er als solcher ist rein, unabhängig von Langeweile und Emotionen.

Da zwischen dem Augenblick und seinem Auftauchen im Raum des Bewusstseins immer eine Verzögerung liegt, hat unser gewöhnliches Bewusstsein also keine Chance, in ihn einzudringen.

Es braucht ihn auch nicht einzufangen, weil die Zeit und die Schwingung des Geistes bereits eins sind. Natürliche Gegenwärtigkeit reicht aus.

Wenn der Wirrwarr der verschiedenen gegeneinander und durcheinander laufenden Schwingungen des Bewusstseins zur Ruhe kommt, ist die Zeder im Garten eine klare, tiefe Vibration des Geistes.

Gleichzeitig tut die Zeder im Garten nichts anderes als nur Zeder zu sein. So verwirklicht sie Reinheit.

Klare Beziehungen

Entstanden aus einem Haufen Ursachen und Wirkungen, definieren wir unser Leben über vielerlei, oft komplizierte Beziehungen zu unserer Umgebung. Aber „großer Geist" bedeutet für eine Weile „beziehungslos" zu sein, für einen Augenblick jede Art von Beziehung loslassend, so dass unsere Existenz nur das ist, was sie ist – allein – und dadurch mit allem verbunden.

Danach ordnen sich unsere persönlichen Beziehungen neu und wir können die Welt auf unvoreingenommene Weise in uns aufnehmen.

„Feuerholz ist Feuerholz, Asche ist Asche."[6] Sie kennen ihre Vergangenheit und Zukunft nicht.

Erst in diesem Moment des „Abgeschnitten-Seins" wird die Tiefe der Existenz klar und mit ihr die komplexe Welt der Wechselwirkung.

In der erweiterten Dimension unserer Existenz wird die horizontale Entwicklung, in der das eine aus dem anderen hervorgeht, verwoben mit einer vertikalen Dimension, in der dieser Augenblick den nächsten nicht kennt, aber alles umfasst.

Wenn ein Feuer brennt, ist das, was brennt, und die Umgebung, in der es brennt, Teil des Feuers. Wenn ein Feuer erlischt, ist das, was gebrannt hat, und die ganze Umgebung Teil des Erlöschens. Auf diese Weise ist ohne Unterlass alles Teil von allem.

Wenn wir das Feuer als die Praxis und das Ausüben ansehen, ist unser Leben der Brennstoff, das Brennende, und die Umgebung der Ort des ganzen Geschehens.

So sind freie, großzügige Beziehungen.

Die Essschalen waschen

Ein Mönch fragte Zen-Meister Joshu: „Was ist das Wesen des Buddha-Weges oder Buddha-Geistes?"

Joshu antwortete mit einer Gegenfrage: „Hast du schon gegessen?" Der Mönch bejahte dies. Daraufhin sagte Meister Joshu: „Dann geh und wasch deine Schalen."

Dieses Mondo wird oft zitiert, um zu unterstreichen, dass der Weg in den alltäglichen Handlungen liegt und nicht im Anhaften an besondere Bewusstseinszustände. Aber dieses Mondo

---

[6] Shobogenzo Genjokoan

weist auch darauf hin, *wie* der Weg oder Buddha-Geist funktioniert.

Jeden Tag waschen wir unsere Schalen, nachdem wir aus ihnen gegessen haben. Aber wir waschen sie nicht, um sie als Objekt der Bewunderung in einen Schrank zu stellen, sondern um sie von neuem zu benutzen. Wir würden es als unangenehm empfinden, aus unsauberen Schalen zu essen oder von schmutzverkrusteten Tellern.

Genau so wie wir das Waschen der Schalen wiederholen, wiederholen wir auch die Übung des Zazen. Das ist ein tiefgründiges „Reinigen" von Körper und Geist. Aber es geschieht hier nicht durch Waschen oder Schrubben, sondern durch ein Öffnen des Geistes, das Zurückkehrenlassen von Körper, Bewusstsein und Herz zur Stille. Auch hierbei geht es nicht darum, an der Stille oder der Erfahrung innerer Ruhe festzuhalten, sondern aus ihr heraus Körper und Geist von neuem zu benutzen, Tag für Tag, in den alltäglichen Dingen.

Wenn wir das nur intellektuell verstehen und nicht aktuell praktizieren, könnte man zu dem Schluss gelangen, dass Zazen darin besteht, den Spiegel des Geistes immer blank zu polieren, so wie man einen Spiegel poliert, damit sich kein Staub darauf absetzt.

Doch indem wir die Praxis des Schalenwaschens oder des Spiegelpolierens ausüben, wird der Geist dessen inne, dass die Schalen ursprünglich nicht beschmutzt sind, dass der Spiegel ursprünglich nicht beschmutzt ist, sondern immer in seinem ursprünglich unbeschmutzten Wesen verharrt. Nur deshalb können wir immer wieder „zurückkommen".

Eine flackernde Kerze

Körper und Bewusstsein sind oft wie eine flackernde Kerze, die den umgebenden Raum als Zerrbild wiedergibt. Dieses Zerrbild kann Furcht einflößend sein oder Wünsche wecken, vielerlei Form und Farbe annehmen.

Im Brennen und im Flackern der Kerze liegt eine immense Energie, und es ist nicht möglich, die Flamme zu zwingen, ruhig zu brennen.

Wenn man jedoch Türen und Fenster schließt und im Raum kein Zug herrscht, brennt die Flamme unmittelbar ruhig und stetig, und die Umgebung erscheint in ihren klaren Konturen.

Das ist ein einfaches Bild für die wesentliche Angelegenheit.

Wir haben oft den Eindruck, dass die Kerze flackert, und versuchen mit aller Macht oder allen Tricks das Flackern zu beruhigen, aber wir übersehen die ganze Zeit, dass Türen und Fenster weit geöffnet sind. Wenn uns das plötzlich auffällt, ergibt sich die Lösung von selbst.

Während wir es übersehen, quälen wir uns damit, die Flamme zu beruhigen, und unsere Anstrengung erscheint sinnlos und ohne Resultat. Sobald wir jedoch Fenster oder Türen geschlossen haben, ist es ganz einfach.

Umfassender Geist ist dem vergleichbar. Eine Kerzenflamme, die ruhig brennt, ein Geist, der inneren Spielraum hat.

Zazen sollte nicht der Versuch sein, die Flamme zu zwingen, ruhig zu brennen, sondern es sollte uns ermöglichen herauszufinden, woher es zieht. Auf diese Weise wird Zazen sehr vertraut mit uns und unser Vertrauen in Zazen tiefer und tiefer gefestigt.

Der Wandlungspunkt

Die Haltung, das Mudra der Hände ist ein subtiler Punkt des Zazen – *Hokkai Join* – „das Siegel der Sammlung des Ozeans des Geistes".
Wenn die Hände sich niederlassen in dieser Haltung, lassen sich Körper und Geist nieder, kommen zur Ruhe. In dieser Haltung der Hände kommen alle Dinge zur Ruhe, kommt unser Leben zur Ruhe.

Ein Merkmal der Hände und Finger ist es, zu berühren, zu ergreifen, loszulassen. Die gleichen Merkmale gibt es auch für Auge und Ohr, Mund, Nase und das Bewusstsein.
Berühren, Ergreifen und Loslassen, das ist unser Leben. Im Mudra des Zazen ruht dieses Leben in den Händen des Kosmos. Unseren Geist in den Händen niederlassen – der Ozean des Geistes hat große Gelassenheit.

Wanshi Zenji sagte: „Die tiefgründige Existenz übersteigt, transzendiert die Form. Weisheit erhellt das Innere des Kreises. Im Inneren dieses Kreises verschwindet das Selbst.
Auf subtile Weise transportiert dieses Selbst die spirituelle Kraft. Tiefgründig belebt es den geheimnisvollen Punkt der Wandlung."[7]

Wenn die Hände im Mudra des Zazen ruhen, der Geist in sich selbst niedergelassen ist, gibt es keine besondere Form. Wir vergessen darin die Form des Körpers, die Form unserer Hände. Obwohl die Haltung des Zazen nicht kreisrund ist, sind Körper und Geist darin dennoch rund im Sinne von „ohne Anfang, ohne Ende". So wird das Innere des Kreises erhellt. Im Inneren dieses Kreises, im Inneren des Zazen verschwindet das Selbst.

---

[7] Wanshi Zenji: Der Gesang des Ortes der reinen Freude

Dieses Selbst „belebt den geheimnisvollen Punkt der Wandlung", den Punkt, an dem Form und Leerheit sich berühren, an dem wir für einen Moment von uns selbst Abschied nehmen und zu dieser Handlung werden.
Die spirituelle Kraft ist die Quelle, aus der sich unsere Praxis nährt. Sie hat keine besonderen Gründe oder vordergründige Motivation. Es geht darin um „nichts". Deshalb ist sie absolut rein.

Die Landschaft unseres Lebens hat viele, viele Farben und viele Facetten, aber der Geist, der das unterscheidende Denken vergessen hat, hat keine besondere Farbe.

Die innige Verbindung aller Existenzen ist dieser Geist, der weder Farbe noch Form hat, jedoch in allem wirkt.

Ohne ihn zu kennen fühlt man seine Gegenwart, die sofort überall spürbar ist und wie ein Schwerpunkt eine natürliche Anziehungskraft ausübt, als Hintergrund einer direkten, vitalen Kommunikation.

Das chinesische Schriftzeichen für Erscheinungsform, Shiki, deutet etwas Flüchtiges an, etwas, das erscheint und verschwindet wie eine Fata Morgana.
Durch das Auge des Kosmos gesehen sind alle Erscheinungsformen wie Seifenblasen.
In der Spiegel-Funktion unseres Bewusstseins erscheint ein mehr oder weniger diffuses Bild von uns selbst – „ich". Wir halten uns daran, obwohl dieses Bild nicht klar oder scharf umrissen ist, weil es sich ständig ändert. Das Gesicht unserer Kindheit ist nicht unser Gesicht des Erwachsenen oder des alten Menschen. Trotzdem gibt es darin Kontinuität.

Wenn wir also der Frage nachgehen „was ist mein ursprüngliches Gesicht oder mein Wesen, mein Selbst?" kommen wir unweigerlich an einen Punkt, an dem nichts mehr greift. Hier sind wir an einem Wandlungspunkt, an dem der Geist des Weges neu belebt werden kann.

Wanshi Zenji: „Im Inneren des Kreises verschwindet das Selbst, weder existierend noch nicht-existierend. Wenn dieser Wandlungspunkt sich belebt, bricht unmittelbar das ursprüngliche Licht hervor mit freudigem Glück."[8]

Im Vergleich untereinander fällt es uns schwer, unsere Bedeutung aufzugeben, aber es gibt eine Dimension in uns selbst, die verbunden ist mit dem, was zu groß ist für Worte oder Konzepte. Wir sollten unseren inneren Kompass darauf einstellen und diesem Weg folgen, oder anders gesagt, wir sollten das beseitigen oder weglassen, was verhindert, dass der Kompass sich von selbst darauf einstellt. So wie eine Kompassnadel, von einer fremden Macht befreit, wieder auf ihre Position zurückschwingt.

Darauf sollten wir ein Auge haben. Darüber hinaus gibt es nicht so viel zu tun.

Man muss wirklich klar und deutlich sagen, dass Zazen uns „nichts bringt" und unserer Existenz nichts hinzufügt, dass es sogar alles wegnimmt, was uns wichtig scheint, und uns in ein Nichts führt, dass noch mehr „Nichts" ist als wir denken können.

Es ist jedoch so, dass dieses Nichts, das wir nicht denken können, uns leicht und transparent macht für die Welt des stillen Erwachens.

---

[8] Wanshi Zenji: Der Gesang des Ortes der reinen Freude

Wanshi Zenji: „In der Magie der Beständigkeit des Geistes bleiben keine Spuren des Erreichens.
Das Haus der stillen Erleuchtung, des stillen Erwachens, ist der Ort der lauteren Freude."[9]

Mit dem Rücken zu Buddha

In unserer Art und Weise zu üben sitzen wir mit dem Gesicht zur Wand und zeigen dem Buddha sozusagen unseren Rücken. Das ist eine Haltung des Vertrauens, denn normalerweise kommen unsere Probleme oder unsere „Feinde" von hinten. Dem Buddha unseren Rücken darzubieten ist ein Akt des Vertrauens, und dies durch den ganzen Körper zu tun ist ein wesentlicher Punkt unseres Sitzens.
Manche zwingen sich, Buddha zu vertrauen, da sie denken, es müsste so sein.
Aber Buddha ist völlig unabhängig von unserem Vertrauen oder Nichtvertrauen, Buddha „braucht" unser Vertrauen nicht.
Wir jedoch brauchen zwingend Buddhas Vertrauen, weil wir, tief in uns, unsere wahre Natur in ihm wiedererkennen.

Buddha ist völlig unabhängig von unserem Vertrauen oder Glauben, aber wir sind nicht unabhängig von Buddhas Vertrauen oder Glauben, das ist der Punkt. Unser Leben ist nichts ohne Buddhas Vertrauen oder Glauben, nichts, nicht einmal ein Stäubchen.
Buddha-Dharma ist nicht eine bestimmte Seite unseres Lebens, sondern alle Seiten, die sichtbare und die unsichtbare Welt, heute dies und morgen etwas anderes.

---

[9] Wanshi Zenji: Der Gesang des Ortes der reinen Freude

Buddha-Dharma ist sowohl „unsere Probleme" als auch die Lösung unserer Probleme. Wenn ein Problem gelöst ist, erscheint ein neues.

Ohne Buddhas Vertrauen könnten wir uns nicht abends hinlegen zum Schlafen und morgens wieder aufstehen. Zu schlafen und wieder aufzustehen ist nicht grundlegend eine Aktivität des Ich, sondern des Buddha-Dharma.

Wenn unser Glaube oder unser Vertrauen eingeschränkt ist, durch eine spezielle Idee über Buddha oder Gott, eine spezielle Erwartung oder einen besonderen Anspruch, dann läuft unser Geist Gefahr, schnell erschüttert zu werden, und wir verlieren die Grundlage.

Es ist möglich, ohne zu wissen, was Buddha oder Gott ist, vollständig in sie zu vertrauen.

Wenn wir es auf unsere gewohnte Art wissen wollen, werden Fragen auftauchen ohne Ende und wir finden keinen wirklichen Schlüssel. Dennoch müssen wir Buddha oder Gott jeden Tag von neuem kennen lernen, was auch bedeutet, uns selbst jeden Tag von neuem kennen zu lernen, weil unsere eigentliche Form und Gestalt unbegrenzt ist und sich jeden Tag wandelt.

Die Dinge, die uns heute begegnen, sind Teil unserer heutigen Gestalt. Wenn wir ein Problem haben und von einem äußeren Buddha Hilfe erwarten, dann haben wir uns schon von uns selbst entfernt.

Der Weg der Buddhas und Patriarchen ist es jedoch, vertraut zu werden mit dem „Sonnengesicht" und dem „Mondgesicht" des Lebens.

Kanzeon

Kanzeon Bosatsu, der Bodhisattva Avalokitesvara, wird manch-
mal dargestellt als eine Gestalt mit verschiedenen Gesichtern
und tausend Armen und Händen, die jeweils ein Auge ent-
halten.

Diese Darstellung ist ein Symbol dafür, dass Kanzeon Bosatsu
in jedweder denkbaren Situation des Lebens präsent ist und
seine helfende Hand reicht.

In einem Moment, in dem wir unseren Geist öffnen, ergreifen
wir unbewusst diese Hand und kommen zu uns selbst zurück,
erwachen aus den wirren Träumen, in denen wir in den sechs
Welten herumirren.

Eines Tages fragte ein Schüler seinen Meister: „Was hat es auf
sich mit den tausend Händen des Kanzeon Bosatsu? Wie
funktionieren sie?"

Der Meister antwortete: „Wie die Hand eines Menschen, der im
Schlaf sein Kopfkissen zurechtrückt."

Würde Kanzeon sich nur auf eine Hand konzentrieren, würde
die Aktivität der anderen Hände durcheinander geraten. Unsere
Verbindung mit der Umgebung, unsere Handlungen, die ver-
schiedenen Arten zu geben, sollten also funktionieren „wie im
Schlaf", unbewusst, natürlich, ohne persönliche Absicht.

Das betrifft sowohl das Geben von materiellen Dingen wie z.B.
Nahrung, Unterkunft, Medizin, finanzielle Unterstützung, als
auch den Dharma, die Lehre zu übermitteln und darüber hinaus
den Geist der Furchtlosigkeit zu teilen.

Sich selbst vergessen, Furchtlosigkeit und Geben sind in ihrem
Wesen von gleicher Natur. In diesem Geist ist Geben gleich
Empfangen.

Auch dies geschieht durch die „Hand eines Schlafenden, der sein Kopfkissen zurechtrückt", und die ganze Welt nimmt unmittelbar daran teil.

Wenn wir eine Skulptur oder eine bildliche Darstellung von Kanzeon Bosatsu betrachten, wird die Form zum Träger einer Wirklichkeit, die die Form übersteigt.
Ähnlich verhält es sich, wenn wir aus dem Innersten des Geistes heraus die Bodhisattva-Gelübde rezitieren. Sie sind Träger einer Wirklichkeit, mit der wir im Laufe eines Lebens der Übung vertraut werden sollten.
Kanzeon Bosatsu ruht verborgen in der Tiefe unseres Geistes. Die Bodhisattva-Gelübde sind gewissermaßen seine Seele.
Sie entspringen im Unergründlichen und reichen weit jenseits dessen, was unser begrenztes Denken erfassen kann.

„Ich gelobe die fühlenden Wesen an das Ufer der Befreiung zu führen" besiegelt diese Verbindung und macht sie lebendig.
Die Kraft der Gelübde, entschieden gesprochen aus dieser Einheit des Geistes, schafft Verwandlung. Darin geschieht das „zum anderen Ufer geleiten" als natürliche Aktivität.

Der Weg der Buddhas ist anfanglos weil die fühlenden Wesen unzählbar sind und immer von neuem geboren werden. Aus diesem Grund wird auch der Weg der Buddhas immer von neuem geboren in der einfachen Absichtslosigkeit „einer Hand, die ihr Kopfkissen zurechtrückt".

Natürliche Lebensaktivität

Gedanke und Gefühl sind natürlicher Teil der Lebensaktivität, aber wir sollten erkennen, woher sie kommen. Indem wir uns nicht zu sehr über ihre Natur täuschen, werden Gedanke und Gefühl gereinigt. Meister Gensha benutzte dafür den Ausdruck: „Das ganze Universum ist eine leuchtende Perle." [10]

Wenn man sagt „das ganze Universum", mag das ein bisschen großspurig klingen, aber es ist einfach die bedingungslose Offenheit des Geistes, die selbst durch unzählbare Sterne nicht überfüllt werden kann.

Alles geschieht innerhalb der leuchtenden Perle. Unser Sitzen jetzt ist der direkteste Zugang in das unmittelbare Geschehen. Innerhalb unseres Sitzens findet „die leuchtende Perle" statt, innerhalb der vitalen Lebenskraft und des Denkens aus dem Grunde des Nicht-Denkens. Meister Gensha wollte auf diese Qualität hinweisen.

Körper, Geist, die Welt, die Zeit, sind ein Zusammenwirken, das Leben der leuchtenden Perle. Es gibt eigentlich keine Möglichkeit, aus der Realität der leuchtenden Perle auszubrechen. Dennoch müssen wir zuerst klares, ganzes Sitzen ausüben, sonst wird in unserem Kopf Verwirrung entstehen und „die leuchtende Perle verwandelt sich in die Höhle der Dämonen". Auch wenn wir viele Jahre üben, befinden wir uns manchmal in dieser Höhle, aber es bedarf nur des Zurückkommens zum Ausgangspunkt, um die Verzerrung wieder zurechtzurücken. Denn wie eine Lampe im Sonnenlicht können die Dämonen den Menschen der Leerheit nicht sehen und deshalb nicht bedrängen.

---

[10] Shobogenzo Ikka Myoju

Diesen Menschen sollten wir in uns wiederfinden und ihm folgen.

Meister Gensha erklärte weiter: „Selbst die Höhle der Dämonen ist nichts anderes als eine Aktivität der leuchtenden Perle."

Wenn wir den Geist klären, „unser Licht nach innen wenden", vertraut werden mit der Aktivität der leuchtenden Perle und auch das Bild einer leuchtenden Perle gehen lassen, können wir unmittelbar die Dinge in ihrer Soheit sehen und finden zu einem Selbst zurück, das aus seiner Mitte heraus lebt.

In ganzherzigem Sitzen nimmt das Universum wieder durch sich selbst seinen Platz ein. Gedanken und Empfindungen, alles wird in der Tiefe des Geistes widergespiegelt. Das ist die wunderbare Angelegenheit der leuchtenden Perle.

Wir sind immer in der Mitte des gegenwärtigen Momentes, umgeben von der glänzenden Perle. Deshalb gibt es keinen Grund zu der Besorgnis, dass uns irgendetwas entgehen könnte.
Aber genau weil wir mitten darin sind, sehen wir sie nicht als glänzende Perle, sondern als die alltäglichen Dinge und Handlungen.
Wenn wir damit in selbstloser Angemessenheit umgehen und unsere Gestalt klar auftaucht, ist dies das Wirken der leuchtenden Perle. Wir sind uns dessen nicht bewusst, aber diese Erfahrung beleuchtet Tag für Tag von neuem unser Leben.
So finden Körper, Geist und selbst das Ich-Bewusstsein inneren Frieden.
Das ist die stille Magie der klaren, leuchtenden Perle.

Unser Geist selbst ist Buddha

„Unser Geist selbst ist Buddha"[11] ist ein großes Koan. Wir „sitzen" auf der Grundlage dieses großen Koan.

Während wir in tiefem Vertrauen auf „Unser Geist selbst ist Buddha" sitzen, mit jeder Sehne, jeder Faser, wird „Unser Geist selbst ist Buddha" realisiert. Also bestätigt „Unser Geist ist Buddha" die Wirklichkeit von „Buddha ist unser Geist".

Vor dem Wissen gibt es Unwissenheit, nach dem Wissen gibt es Nicht-Wissen. Worte und Gedanken können die Wirklichkeit nicht ergreifen, aber Worte und Gedanken können ihr natürlicher Ausdruck werden. Akzeptieren wir diesen Augenblick und das Leben an sich als Koan, so sind Frage und Antwort darin enthalten. Sowohl die Frage ist Wahrheit als auch die Antwort.

„Unser Geist selbst ist Buddha" ist übermittelt als ein großes Geschenk, als Same, Keim, Pflanze und Frucht von „Buddha ist unser Geist". Es ist die großzügigste Grundlage des ganzherzigen Sitzens und macht Zazen zu „Sitzendem Buddha".

Indem wir die Form von „Sitzender Buddha" ganz ausfüllen, ist „Sitzender Buddha" ohne fixe Form, das heißt, unsere ganze Existenz ist darin enthalten, wird dadurch geleitet.

Jeder, der sich ein Herz fasst, kann auf dieser Grundlage unmittelbar beginnen zu praktizieren.

Es gibt keine Wartezeit, keine Vorbereitung.

Das große anfanglose Satori ist die Initialzündung der Praxis.

Der Weg, von den alten Buddhas und Patriarchen sorgfältig von Angesicht zu Angesicht weitergegeben, wurde niemals als abstraktes Wissen übermittelt, sondern immer von Herz zu Herz.

---

[11] Shobogenzo Soku Shin Ze Butsu

Deshalb ist „Unser Geist selbst ist Buddha" die stabilste Grundlage, auf der wir leben können. Sie trägt Anfang und Ende, Weg und Ziel in sich.

Die Sonne geht auf

Wie lange man den Spiegel des Geistes auch scheuert, bürstet oder poliert, man wird den darauf haftenden Schmutz nicht los. Wenn aber der Spiegel des Geistes zu sich selbst erwacht, fallen Schmutz und Reinheit ab.
Die Klarheit des Spiegels besteht im Nicht-Festhalten und unmittelbaren So-Sein.
Auf diese Weise zu üben oder zu praktizieren nennt man „einen Ziegel polieren".

Dogen Zenji sagt im Shobogenzo Zenki: „Ihr solltet wissen, dass es in den unzähligen Dingen und Phänomenen des Selbst Leben und Tod gibt."

Wir sagen normalerweise „ich bin geboren", „ich werde sterben", aber es ist auch so, dass innerhalb dieses Selbst der Tag geboren wird und vergeht, innerhalb eines Gedankens, einer Empfindung.
Die Sonne geht auf und unter im weiten Raum des Geistes.
Genauso wird dieser Geist jetzt geboren im Aufgehen und Untergehen der Sonne, in Wind und Regen, in der alltäglichen Welt.
Entdecken wir diese Dimension unseres Seins, wird mit einem Schlag eine zentrale Frage gelöst: „Warum bin ich hier? Was ist der Sinn meines Daseins?"

Wir sind schon in der Dynamik des Ganzen. Selbst der Gedanke: „Warum dieses Sitzen?" ist nichts anderes als die Vitalität des Seins.

Es reicht aus, die festgefahrenen Vorstellungen fallen zu lassen um dies zu erfahren und daran, ohne Vorbehalt, teilzuhaben. Niemand hat uns um etwas betrogen, etwas vorenthalten.

Wenn wir versuchen, uns von Gedanken zu befreien, werden wir nur noch stärker darin gefangen.
Manchmal scheint der Gedankenfilm eingebrannt zu sein in die Oberfläche des Spiegels – unmöglich, ihn zu lösen. Aber wenn der Augenblick zu sich selbst erwacht, löst sich dieser Film von selbst ab, und der Spiegel leuchtet in seiner natürlichen Klarheit.
Alle Dinge erhalten ihr ursprüngliches Licht zurück.

Bambus

Was ist die Wirklichkeit des Dharma? Es gibt eine berühmte Antwort auf diese Frage: „Kurzer Bambus ist kurz, langer Bambus ist lang."
Wenn man einen wachsenden Bambus betrachtet, kann man unmittelbar die Kraft fühlen, die in ihm liegt.
Der Bambus ist sich dieser Kraft nicht bewusst, aber er erfüllt vollkommen seine Bestimmung, indem er wächst in inniger Übereinstimmung mit der Lebenskraft der großen Natur.
Wenn wir in unserem Tun solche Kraft, solchen selbstlosen Geist einsetzen, dann wird es wirklich Ausdruck des Lebens.

Es gibt in jedem Leben Bereiche, in denen man Fehler machen und sich korrigieren kann. Dann gibt es Bereiche, in denen Fehler weitreichende oder schwerwiegende Folgen haben, und andere, wo sogar ein kleiner Fehler tödlich ist. Manchmal zwingt uns „Cosmic Order" dazu, schwer zu ertragende Realitäten zu konfrontieren, innerhalb einer Wirklichkeit, die weit über unser persönliches Leben hinausgeht.

Das ist eine Eigenschaft des Lebens, und Buddha-Dharma ist nicht verschieden davon.

Kurzer Bambus ist kurz und langer Bambus ist lang. Aber wenn sie nicht mehr im Vergleich stehen, sind sie leer von „kurz" oder „lang", auf diese Weise wieder ineinander enthalten und sogar leer von „Bambus". So kann es viele „verschiedene Längen" von Bambus geben.

Manchmal sagen wir „das Leben ist zu kurz", oder „das Leben ist zu lang", aber wenn unser Leben diese Absolutheit, diese Direktheit hat, wie wir sie im wachsenden Bambus finden, kann jeder von uns ganz klar den langen oder den kurzen Bambus seines Lebens realisieren.

Durch den ganzen Körper die vitale Welt betreten, direkt durch die Vorstellungen und Ideen hindurch zu brechen, vollständig atmen und die Endgültigkeit des Momentes anzunehmen, das ist der Weg, und das ist das Leben des Bambus.

Die Haltung finden

Wenn ein Mensch seine Haltung findet, findet das ganze Universum seine Haltung. Wenn das ganze Universum erwacht, erwacht der Mensch. Es ist das Erwachen des Geistes. Im Erwachen des Geistes erwachen alle Dinge. In dem Moment, in dem der Mensch wirklich atmet, erhalten alle Dinge Atem. Deshalb sagten die früheren Menschen des Weges: „Die wahre Haltung des Menschen, der wahre Körper-Geist drücken die Würde des Universums aus."
Und Meister Deshimaru sagte: „Die Zazen-Haltung hat eine Würde, die jenseits der Worte ist. Diese Würde ist das Siegel des Kosmos."

Alles erscheint und verschwindet durch die Macht und das Potential des Kosmos, entsprechend einer wechselseitigen Bedingtheit. Das ist das Wirken des Universums, nicht das Werk des Ich.

Da unser Dasein aus der gleichen Quelle geschaffen ist wie die ganze Natur, ist es möglich, sich mit allen Dingen zu harmonisieren: mit Erde, Feuer, Wasser, Luft, wie auch mit Werkzeugen, Maschinen und Gebäuden, mit allem was in Erscheinung tritt.

Das Gehirn ist Teil des Ganzen. In der komplexen Vernetzung der Nervenzellen entstehen Abbildungen, entsteht die Welt.

Das Gehenlassen des Ich-Gedankens, unbewusst, unwillkürlich durch die Haltung, entspricht dem Fließen des ursprünglichen Stromes, der rein und unbefleckt bleibt.

In Zazen sitzend, empfindet man manchmal Schmerz, Müdigkeit, manchmal die Last oder den Stress der Gedanken. Wenn wir nichts davon festhalten, gehört alles einfach zum ursprünglichen Fluss des Bewusstseins, im Innersten unbeschmutzt, ungedacht.

Dogen Zenji benutzte den Ausdruck Kaigo: Erwachen erreichen, von Moment zu Moment natürlich sich selbst erneuernd.

„Tag für Tag den Weg üben" bedeutet, dieses natürliche Erwachen zu wiederholen von Tag zu Tag. Wir mögen es nicht immer, doch finden Körper und Geist in der lebendigen Auseinandersetzung den vitalen Zusammenhang des Lebens wieder.

Versuchen wir jedoch ein wahres Gesicht zu finden, so ist da nichts, was objektiviert werden könnte. „Es" schaut uns einfach zu.

Hier ist es

Gewöhnlich benutzen und erfahren wir unseren Geist nicht als das Tor des ganzen Alls, sondern beschränken ihn in Aktivitäten wie Denken, Vorstellen, Träumen. Aber jede einzelne Handlung könnte, durch den Geist der Gegenwärtigkeit vollzogen, das Tor des ganzen Alls werden. In dem wir Sammlung des Geistes schaffen, die an kein besonderes Objekt oder Ziel gebunden ist, wird unsere Existenz sich selbst erneuernd und erfüllend.

Eines Tages sagte ein Mönch zu Meister Kempo: „Ich hörte, dass es nur ein Tor gibt, das von den Buddhas im ganzen All benutzt wurde und zum Nirvana führt." [12]
Kempo zeichnete mit seinem Stab einen großen Kreis in die Luft und sagte: „Hier ist es."
Dieses „Hier ist es" ist die Lebenskraft des befreiten Geistaugenblicks, der der Welt von Leben und Tod Atem gibt.

„Alle Buddhas sind im Moment der Handlung im Hier und Jetzt vereint, und dieses Hier und Jetzt verkörpert in diesem Augenblick den einen Weg des ganzen Alls.
Hier ist es." [13]
Dieses „Hier ist es" gibt es immer, zu jeder Zeit, an jedem Ort. Es ist das Tor, und das Tor ist die Verfassung des gesammelten Geistes. Doch manchmal sehen wir es nicht, können es nicht öffnen, nicht hindurchschreiten.

Nirvana, oder Reines Land, besteht in der Geistverfassung eines klaren Jetzt, das die Zukunft umfasst, obwohl sie noch nicht gekommen ist, und die Vergangenheit, obwohl sie schon vergangen ist.

---

[12] Shobogenzo Juppo
[13] Shobogenzo Juppo

Das ganze All ist nur hier. Es bewegt sich nirgendwo hin, da es alles ausfüllt. Es ist reines Sein.

Seine zehn Richtungen finden sich sowohl in der größten Ausdehnung des Raumes als auch im Nullpunkt und enthalten diesen ihrerseits. Sie sind manchmal zusammengefasst als eine Richtung, manchmal streben sie auseinander wie die Speichen eines Rades oder eines Fächers.

Sie sind schon präsent in der Tiefe des Geistes und werden lebendig in einem einzigen Augenblick seiner Unbeflecktheit, jegliche Form oder Farbe annehmend.

Sie umfassen die Gesamtheit der alltäglichen, konkreten Welt, der konkreten Handlungen.

****

„Das Tor des ganzen Alls" können wir nicht zu zweit oder dritt durchschreiten, aber auch nicht allein, sondern nur als „das ganze All". Alle Existenzen tun ohne Unterlass nichts anderes. Dennoch ist unsere persönliche Entscheidung, in der Mitte davon, die Wirbelsäule ganz zu strecken, grundlegend.

Hier und jetzt gesammelt, folgen *die sechs Gefolgsleute*: Auge, Ohr, Mund, Nase, Körper, Bewusstsein, unmittelbar dem *König*: dem übergeordneten Geist des Samadhi, dem Hishiryo-Bewusstsein.

Auf diese Weise durchschreitet selbst der „wolkenverhangene Mond" das Tor des ganzen Alls. So geht das Familiengeschäft der Buddhas und Patriarchen.

Wenn das reine Jetzt das Tor des ganzen Alls durchschreitet, erhalten die Dinge ihren natürlichen Platz, Geschmack, wahre Form, Farbe und Klang.

Sicherlich wirbelt unser Zazen auf dem Mond oder dem Mars keinen Staub auf, dennoch ist dieser Geist, der in Zazen ruht, das ganze All. Selbst wenn darin dieses oder jenes Phänomen auftaucht, ist der Geist unseres ernsthaften Sitzens das ganze All. Dann kommt man zurück in die Welt des Alltäglichen, denn die Handlung des ganzen Alls ist einfach unsere natürliche Art und Weise zu tun, geleitet von diesem Geist. So durchdringen sich zehntausend Welten wechselseitig, ohne sich untereinander zu stören.

Shakyamuni Buddha sagte: „Im Buddha-Land des ganzen Alls gibt es nur ein Fahrzeug – den Augenblick des reinen Geistes selbst."
Es mag so sein, dass wir nie das Gefühl haben, diesen reinen Geist zu besitzen. Das ist sicher richtig. Aber ohne diesen reinen Geist zu besitzen, erhalten wir durch ihn eine klare Gestalt.

Blaue Lotusblumen

„Blaue Lotusblumen öffnen sich im Feuer."[14]

Blaue Lotusblumen öffnen sich im Inneren der Zeit, im Inneren des Geistes und im Inneren des Feuers.
Sie stehen für eine Realität, in der wir immer leben, die aber nicht unbedingt vollständig in uns aufwacht, weil wir mit anderen Dingen beschäftigt sind, eben mit unserem Ausschnitt der Wirklichkeit.

Ein anderer Name dafür ist *Kachuren:* Lotus, der im Feuer geboren wird.
„Feuer" ist ein Ausdruck für wahre, ganzherzige Praxis. Durch dieses Feuer springen Funken über und entzünden viele andere

---

[14] Shobogenzo Kuge

Feuer. Bodhidharmas Kommen aus dem Westen erfüllt diesen Sinn.

Unsere Existenz ist selbst „Blume der Leerheit", die ohne Unterlass vergeht.
Die wahren Blumen der Leerheit werden im Feuer geboren.
Wenn wir dies durch den ganzen Körper, das heißt durch das Feuer, durch das Herz der Übung verstehen, öffnet sich der blaue Lotus.
Unsere Welt der Illusion wird im Herzen der Übung zum Brennstoff des Feuers.

In dieser Weise reifen Früchte auf natürliche Art, Blumen öffnen sich auf natürliche Weise. Ihr Reifen ist sich selbst überlassen.
Wenn wir vollständig um den Augenblick jetzt Sorge tragen, ist unser Leben dem eigentlichen Selbst überlassen, dem großen Leben anvertraut.

Wenn wir im Dojo sitzen in Zazen und die Hände des Denkens öffnen, geht die ganze Umgebung ruhig in uns ein und aus.
Formen, Farben, Klänge, Gerüche kommen und gehen. Der weite Himmel und die Erde treten durch uns hindurch.
Natürlicher Einklang mit der Umgebung findet statt.

****

„Leben und Sterben sind der wahre Körper des Menschen.[15]
Die blaue Lotusblume öffnet sich im Feuer."

Das Leben und Sterben des Augenblicks und den Augenblick des Lebens und des Sterbens können wir nicht erfassen, aber in der Tätigkeit der Sinnesorgane selbst findet Leben und Sterben des Augenblicks statt.

---

[15] Shobogenzo Shinjin Gakudo

Wenn der Blick zur Ruhe kommt, findet Sehen auf ruhige Art und Weise in den Augen statt. Blumen der Leerheit kommen und gehen.

Desgleichen, wenn die Ohren zur Ruhe kommen, tauchen Blumen der Leerheit in Stille auf, und wenn der Geist zur Ruhe kommt, offenbart er sich selbst als Blume der Leerheit.

Das subtile Leben und Sterben ist die Natur der Dinge. Körper und Geist sind von dieser Natur. Es ist die Essenz des Frühlings.

Leben und Sterben ist selbst die Essenz von Leben und Sterben. Aus diesem Grunde ist der Geist des Weges letztendlich an nichts gebunden, und dennoch ist er diese Form jetzt.

Jeder kleinste Augenblick besteht aus „viele Male geboren" und „viele Male gestorben". Gewöhnlich bemerken Menschen dies nicht, außer in privilegierten Momenten. Der Geist, der gewöhnt ist an natürliche Sammlung und Intensität, bekommt dazu jedoch einen natürlichen Zugang und verwirklicht sich als Sich-Selbst-Vergessen in innerer Stille und leerer Weite.

In der Einheit von Übung und Verwirklichung öffnet sich die Lotusblume im Feuer, und Früchte reifen auf natürliche Weise.

Das Ausschmücken der Zeit

Jeder Augenblick unseres Lebens ist Buddha-Dharma, jeder Augenblick genügt ursprünglich sich selbst. Doch meistens werden wir dessen nicht gewahr, weil unser Bewusstsein damit beschäftigt ist, die Zeit auszuschmücken. Wir sind so beschäftigt mit dem Ausschmücken der Zeit und dem, was dabei herauskommt, dass wir die Zusammenhänge unserer Existenz verlieren.

Zazen ist eigentlich nichts anderes als ein Unterbrechen dieses Ausschmückens der Zeit.

Als Menschen müssen wir aber etwas tun. Wir können nicht nur sitzen. Wir können nicht nur still sein. Ruhe oder Hektik in unserer Aktivität hat zu tun mit unserem Empfinden, unserer Erfahrung von Zeit. Es geht in unserem Weg also eher darum, in dem was wir tun, in unseren Bewegungen und Handlungen, eine ruhige Aktivität zu haben.

Wenn wir alltägliche Praxis ausüben, schaffen wir in uns selbst eine Erinnerung an die verborgene Eigenschaft der Zeit. Mit Erinnerung ist hier gemeint, dass der Körper, das Nervensystem, das Innerste des Geistes sich daran erinnern. Eine Erinnerung, die genügend präsent ist, um unsere Gegenwart zu leiten. Das ist eigentlich der Hintergrund von „unbewusst, natürlich".
Die Buddhas und Patriarchen benutzten manchmal Worte, um etwas zu erklären, aber um die eigentliche Essenz zu übermitteln, benutzten sie keine Worte. Um den Geist der Gegenwart zu übermitteln, benutzten sie den Geist der Gegenwart.

Wie schon gesagt, in der Tiefe sind Zeit und Geist eins, Existenz und Zeit eigentliches Sein. In dem Moment, indem das Ausschmücken der Zeit unterbrochen ist, sind wir einfach diese Existenz.
Es ist Teil unserer menschlichen Natur, dass unser Bewusstsein die Zeit ausschmückt. Deshalb geht es nicht darum, diese Aktivität zu ersticken. Es geht nur um das Gewahrwerden dieser Aktivität.
So wie Eltern ein Auge haben müssen auf ihre Kinder, wenn sie draußen unterwegs sind, sollte der ruhige Geist ein Auge haben auf die Aktivitäten des persönlichen Bewusstseins.

Alltägliches Üben des Weges bedeutet dieses Auge bewahren. Wir könnten sagen, es ist ein Auge der Stille oder des Ewigen. Aber wir können diese Namen natürlich auch wieder vergessen. Sobald wir jedoch die innere Präsenz dieses Geistes fühlen, wissen wir, dass unsere Richtung in Ordnung ist. Das ergibt ein Gefühl des Einverstandenseins.

Neue Kontinente

Von Erwachen oder Buddha-Land gibt es keinerlei Beschreibung, und wenn es eine gäbe, so könnten wir uns daran allein nicht orientieren. Auf der anderen Seite, wenn wir unser eigenes Leben klären, wird deutlich, dass nichts versteckt ist und dass das Geheimnis in der Gegenwart selbst liegt.

Dieses fließende Leben, dieses fließende Vergehen ist bereits das Land Buddhas.

In der Hingabe an das Sitzen berühren Bewusstsein und Herz etwas Fundamentales, das sich jeglicher Projektion entzieht. Dieses „Unbekannte" wird die Grundlage unseres Lebens, die Grundlage unserer Motivation.

Von dieser Grundlage aus studieren wir die Worte und Übermittlungen der alten Buddhas und Patriarchen. Dieses Studium ist wichtig, nicht um das Ungreifbare zu ergreifen, sondern um seinen Widerhall in uns zu klären.

Unser tägliches Üben besteht darin, jede Erfahrung wegzuwerfen und diesen Tag neu zu beginnen. Selbst wenn wir tiefgründige Erfahrungen machen oder wichtige, bedeutet Übung, sie jetzt wegzuwerfen, die Hände zu öffnen und mit nichts zu sitzen, denn eigentlich betreten wir hier von Moment zu Moment neues Land, einen neuen Kontinent, etwas Unerforschtes. Deshalb brauchen wir auch nicht das Alltägliche zu fliehen.

Herz und Seele entspannen sich, wenn sie die Enge des Ich aufgeben, die Weite des allumfassenden Zusammenwirkens zu ihrer Grundlage machen, sich darin verankern und Augenblick für Augenblick ein neues Land betreten.

Dann ist man sich selbst sehr nah, sind wir der Natur der Dinge sehr nah.

In die Ferne gehen öffnet einen neuen Blick auf das Naheliegende. Aber der eigentliche Kontinent ist der Augenblick, den man noch auf keiner Landkarte findet.

Also ist der neue Kontinent unmittelbare Heimat.

Reiner Geist

Man sagt: „Die Natur des Geistes selbst ist der wahre Buddha." Aber ist mein verblendeter Geist Buddha? Gibt es irgendwo in mir einen reinen Geist, der Buddha ist? Wird man irgendwann diesen Geist finden und sagen können „dies ist der reine Geist"? Wenn wir unsere Lebensrealität betrachten, sind solche Worte nicht so einfach zu verdauen.

Daikan Eno sagte: „Um Buddha zu finden, müssen wir den gewöhnlichen Menschen der Übung des Weges finden und aufhören, nach einem Buddha unserer Vorstellung zu suchen."[16]

Dieser „gewöhnliche Mensch der Übung des Weges", das sind wir selbst, die diesen Weg üben, wenn die Sorge über „gewöhnlich" oder „erleuchtet" abgefallen ist.

Ursprünglicher Geist, Gott oder Buddha sehen wir nie vor unseren Augen, aber sie spiegeln oder reflektieren sich in jeder Erscheinungsform. Deshalb werden wir durch die Art und Weise unserer Handlungen damit vertraut. Wenn die Widerspiegelung klar wird, offenbart sich auch die Quelle, ohne dass sie jemals zum Objekt wird.

---

[16] Daikan Eno: Das Sutra des sechsten Patriarchen

Deswegen ist das innere Bedürfnis oder die Notwendigkeit, den Weg zu üben, eine direkte Äußerung und Manifestation des ursprünglichen Geistes. Obwohl wir am Anfang blind herumtappen mögen, unbeholfen und verkrampft, ist da schon direkt seine allerinnerste Aktivität.

Deshalb geht es in Zazen niemals darum, Wünsche und Begierden zu zerstören, um Vollkommenheit in Händen zu halten und Buddha oder ursprünglichen Geist zu erlangen, sondern darum, ihre Widerspiegelung in uns selbst und in den Erscheinungsformen zu klären. Das ist die Angelegenheit eines jeden Tages, und sie ist ohne Hektik oder Eile.

Darin können wir uns auf den Glauben stützen, dass unser Leben von Buddha getragen ist. Diesen Glauben zu teilen und zu üben, zusammen mit den anderen, ist Erfüllung.

Ein Geschenk des Schnees

Wenn der erste Schnee fällt und die Landschaft um uns herum zudeckt, ist da plötzlich ein wie von unsichtbarer Hand geschaffener Zauber. Die Verschiedenheit, die Formen sind verdeckt. Obwohl wir die verschiedenen Dinge ahnen können, sind sie verborgen durch den Zauber der Einheit, und obwohl die Dinge verborgen sind, bewahren sie ihre Präsenz.

Wenn der Schnee eine Weile liegt, alt wird, verschmutzt durch das Alltägliche, braucht es sozusagen wieder eine Ladung Neuschnee. Aber wenn dann die Zeit gekommen ist, dass der Schnee schmilzt, haben die neuen Dinge, das Frühjahr, die verschiedenen Formen und die Lebenskraft alle etwas mitgenommen aus der Zeit des Schnees, und wir freuen uns über jedes Erwachen – eine Form, eine Farbe, ein Klang.

Die Zeit des Zazen ist vergleichbar der Zeit, in der die Landschaft unseres Lebens von Schnee bedeckt ist. Körper und Geist erneuern sich in diesem Moment der Leerheit, und dann tauchen die Dinge, die Welt von neuem auf.

Wenn die Landschaft sich verwandelt, bestaunen wir manchmal ihre Veränderung, aber wenn sich unsere innere Landschaft wandelt, gibt es keinen äußeren Zeugen. Die Verwandlung selbst bestätigt sich und sie geschieht in Stille. Doch die Formen, Farben und Klänge verschwinden nicht wirklich, sie nehmen nur die Form des Schnees an, die Form der Stille. Unser Geist selbst nimmt die Form des Schnees an, und dann nimmt der Schnee oder die Stille wieder die Form der verschiedenen Dinge an.

Da wir selbst nicht Zeuge dieser Verwandlung sind, sondern Teil davon, haben wir keine Möglichkeit sie zu beschreiben, sondern können sie nur zum Ausdruck bringen. Deshalb ist es nicht unser Weg, über etwas zu sprechen, etwas zu „verstehen", sondern etwas zu leben.

Der erste Schnee ist immer wieder überraschend, von niemandem gemacht – eben ein Geschenk des Schnees.

Der klare Nachthimmel[17]

Unabhängig davon, in welcher Ecke der Welt man lebt, in welcher Kultur man groß geworden ist – wenn man den klaren Nachthimmel betrachtet, ist man unwillkürlich berührt.
Erst mit der Zeit mag man realisieren, dass man beim Schauen in den Nachthimmel sein eigenes, ursprüngliches Gesicht betrachtet. Da liegt etwas Grenzenloses und gleichzeitig sehr Nahes.
Um den Geist des Zazen auszudrücken, könnte man sagen: „Der klare Nachthimmel betrachtet den Menschen."

Darin gibt es ein tiefes Gefühl von Zurückkommen nach Hause. Der klare Nachthimmel, das Gesicht vor unserer Geburt – es betrachtet den Menschen. Es ist unser ursprüngliches Gesicht, aber wir können es nicht ergreifen.

Unser Bewusstsein verwandelt sich oft und nachhaltig in die Samsara-Welt, in Form und Inhalt der Begierden, Wünsche und Ängste, und in das Auf und Ab, das damit verbunden ist. Vollständiges Sitzen drückt aber letztendlich einfach aus, dass das ursprüngliche Gesicht durch all dies wieder hindurch scheint.
Deshalb haben alle Buddhas und Patriarchen ihr Leben auf Zazen gegründet. Doch das ursprüngliche Gesicht ist nicht gebunden an die sitzende Haltung. Es begleitet uns Tag für Tag in allen Dingen.

Der klare Nachthimmel existiert als Erinnerung, tief eingeprägt in unserem Nervensystem, Stammhirn, in der Weite des Geistes. So auch die Gestalt des formlosen Buddha und in ähnlicher Weise der Klang der Glocke.

Durch die Tiefe, die Weite des Geistes bekommt der klare Nachthimmel seine Unfassbarkeit.

---

[17] Auszug aus dem Kusen/Winter-Sesshin

Deshalb können wir ihn auch sehen, selbst wenn der Himmel wolkenverhangen oder im Nebel versteckt ist. Es ist nicht einmal notwendig, hinzuschauen.

Wenn wir ihn durch unser Vorderhirn und unsere gewöhnlichen Augen sehen, haften wir an diesem oder jenem Aspekt. Aber es gibt ihn eigentlich als unbewusste Prägung in uns, und gleichzeitig wird er durch jedes Üben von Zazen von neuem erinnert und so lebendig.
Aufgrund einer solchen Prägung verlieren die Vögel ihren Weg nicht, selbst wenn sie keinen offensichtlichen Spuren folgen.
Aufgrund der Prägung durch die Gestalt des formlosen Buddha finden wir letztendlich in Zazen unsere wirkliche Haltung.

Der Klang der Glocke, der aus dem Nichts kommt, wird Form und setzt sich fort als Stille. Das Schlagen der Glocke (z.B. am Ende eines Winter-Sesshin) reinigt und klärt das Karma unseres Lebens. Es ist einfach dieser Geist jetzt, ohne etwas Besonderes zu suchen, nichts an sich selbst heranziehen müssend.
Die Glocke zu schlagen ist ein einfaches, klares Geschenk für die ganze Welt.

Der Zen-Meister Hyakujo erzählte, dass ein Mönch fünfhundert Jahre lang als Fuchs wiedergeboren wurde, weil er einem Schüler eine falsche Antwort gegeben hatte. Aber was sind fünfhundert Jahre?
Moment für Moment wird unser Leben als „dies jetzt" wiedergeboren, von neuem geboren. Ist es alt? Ist es neu?
Der Mensch von gestern ist verwandelt im Jetzt, und vor uns wartet der klare Nachthimmel.

Dogen Zenji stellt also die Frage:„Was sind fünfhundert Jahre? Sind es Fuchs-Jahre? Sind es Menschen-Jahre? Sind es Buddha-Weg-Jahre?"

Was ist der Unterschied zwischen einem Augenblick und einem Jahr?
Je mehr Jahre des Lebens vergangen sind, umso mehr hat man das Gefühl, dass die Jahre schneller vergehen.

Es ist gut, die Kostbarkeit dieses Augenblicks zu würdigen. Aber um das tun zu können, muss unser Geist unabhängig werden von persönlichen Einfärbungen. Das ist eigentlich gemeint mit dem Ausdruck „keine Zeit verschwenden".
Den Weg zu verwirklichen bedeutet, dass das Leben aus umfassenden, alldurchdringenden Augenblicken besteht. So ist das tägliche Leben der Buddhas und Patriarchen. Aber es ist auch das tägliche Leben des wahren Fuchses. Wenn wir uns in diese Richtung begeben, können Fuchs und Mensch sich auf dieser Ebene gut verstehen, ohne sich gegenseitig zu behindern.

Sobald wir das Reich des gegenwärtigen Augenblicks betreten, wissen wir, dass wir niemals von Zuhause fort waren, obwohl wir „lange Zeit auf staubigen Straßen umhergelaufen sind".

Wohin führt unser Leben? Wohin gehen die Jahre? Wir wissen es nicht genau.
Der klare Nachthimmel wartet, aber auch Sonne, Wolken und Nebel, Regen und Schnee. Sie alle durchdringen den Geist des Alltags, und Zen-Geist durchdringt das Alltägliche.

Selbst wenn das Leben manchmal schwierig ist, gibt es nichts Besseres als dies.
Aber das ist nur so, wenn wir verstehen, dass Leben und Tod nicht voneinander verschieden sind, nicht so weit auseinander. Daran ist nichts Düsteres, sondern das ist „großes Leben", große Übung des Weges, großes Karma.
Dieser Weg ist intim und vertraut übermittelt von Generation zu Generation, von Angesicht zu Angesicht. Man kann ihn nicht

aus Büchern lernen, und dennoch ist es notwendig, die Worte der Vorgänger zu studieren.

Dem wahren Geist der Praxis zu begegnen, wahren Menschen der Praxis, ist eine große Chance. Deshalb drücken wir unsere Dankbarkeit aus, indem wir die Namen der Buddhas und Patriarchen rezitieren.

Am ersten Tag des neuen Jahres z.b. bringen wir auch symbolisch ein paar Gaben dar für die Lehrer, die nicht mehr durch ihren Körper unter uns sind. Ihre Körper sind schon Asche, aber ihr Geist ist wie der Nachthimmel – unzerstörbar, gegenwärtig.

„Der Fuchs entfernt sich im verschneiten Feld.

Am Waldrand dreht er sich noch einmal kurz um, wirft einen letzten Blick zurück, dann ist er verschwunden, und auch seine Spuren sind im Nu verweht.

Dennoch, wenn man einmal einem wahren Fuchs begegnet ist, kann man seine Gegenwart immer fühlen."

Zweiter Teil

Haupthaus im Zen-Zentrum/Tempel Schönböken, Mokushôzan Jakkôji

Der stille Berg
(Sommer-Sesshin in Schönböken)

Der Name unseres Zentrums, *Mokusho-zan,* hat eine direkte Beziehung zu unserer Praxis, ist ein Ausdruck davon.
Moku ist gleich Stille oder Schweigen.
Sho bedeutet strahlend, glänzend oder Widerspiegelung.
Zan, der Berg.
Unsere Haltung soll so sein wie ein Berg, aufrecht und unbewegt.
Die Erde bringt die Berge hervor, trägt die Berge. Auf solche Weise sollte unsere Haltung verbunden sein mit der Erde. Sie ist eine Dimension, in der das Geistige und das Materielle sich durchdringen.

Durch die Haltung wird das Materielle erweckt, und die Form wird der Geist. Die Haltung des Zazen einnehmen und ausüben ist deshalb den Berg der stillen Erleuchtung zum Leben erwecken.
Mokusho: Die Widerspiegelung des Ewigen im Geist und in der Haltung des Menschen drückt dessen authentische Beziehung zum Universum aus, den Gegensatz von Körper und Geist überschreitend.

Die Widerspiegelung der Stille des Ewigen im Geist, in der Haltung des Menschen, ist unsere wahre Dimension, die letztendliche Bestimmung – so sagt man in unserem Weg. Obwohl wir diese Stille nicht hören, sehen oder anfassen können, folgen wir ihrer Stimme.

Die Berge sind verankert in der Erde. Die Erde trägt die Berge unbewusst, natürlich.
Erde und Berge ereignen sich in der Zeit, im Raum.
Erde, Berge, Augenblick und Raum sind ein Ganzes, das sich ereignet in Leerheit, in der Natur des Geistes.

Solcherart ist das Sitzen, das übermittelt wird von Buddha zu Buddha.

Wir können diesen Geist nicht durch unseren Willen oder unser Wissen erschaffen. Er ist schon da. Er war schon da vor unserer Geburt – schweigend.

Durch seine ruhige Aktivität schenkt er uns Vertrauen und Glauben. Durch dieses Vertrauen, diesen Glauben, schaffen wir die Bedingungen der Praxis.

So wird dieser Geist Form, Haltung, und Form und Haltung spiegeln diesen Geist wider.

$$****$$

Am Anfang mögen sich Formen und Regeln wie eine Einschränkung anfühlen, aber als Akt des Glaubens getan führen sie uns jenseits von Wissen und Verstehen, und auf eben solche Weise verstehen wir.

Wenn wir die Form mit Leib und Seele ausüben, wird im Innersten etwas berührt. Wenn im Innersten etwas berührt wird, wird die Form Haltung und Geist und geht über sich selbst hinaus.

Wenn wir zum ersten Mal vollständig sitzen, wird unser Innerstes erschüttert durch das Innerste. Die gewohnten Kategorien über die Welt und über uns selbst werden erschüttert und etwas „anderes" kommt zum Vorschein.

Dieses „Andere", das nicht wirklich fremd ist, sondern nur lange vergessen war, wird die Richtung unseres Lebens.

Wir gründen unseren Weg auf unser innerstes Wesen, nicht auf etwas Fremdes.

Das Üben des Weges wird „vertraut werden mit dem eigenen Wesen", es von neuem empfangen; und „sich dem eigenen Wesen anvertrauen" ist Vereinigung mit dem Weg.

Empfangen ist verschieden von Erhalten, es ist eine etwas andere Haltung oder Bereitschaft.

Wenn wir etwas empfangen, setzt es voraus, dass wir in uns einen Platz vorbereitet haben.

Dieses Vorbereiten und Empfangen ist in unserem Weg „Sange". Es wird gemeinhin übersetzt mit „Reue", meint aber eigentlich „leer werden". Leer werden von uns selbst.

Wenn wir das Gefühl haben, nichts zu empfangen, können wir sicher sein, dass wir nicht leer sind, nicht vorbereitet. Wenn wir bestimmte Erwartungen haben über das, was wir erhalten möchten, dann sind wir zu voll.

Sange oder „das Leerwerden" ist also die Voraussetzung, um zu empfangen. Es bringt die festgefahrenen Ideen ins Wanken, entwurzelt für einen Moment das selbstsichere Bewusstsein.

So kann „das leere Tal" unbewusst, natürlich „die weißen Wolken empfangen".

Sie sind beide unabhängig voneinander und werden doch gute Freunde.

****

Dogen Zenji sagte: „Die gewöhnlichen Menschen halten das, was keine Substanz hat, für ihr Selbst.

Buddhas betrachten die ganze Erde, die zehn Richtungen, die Wirklichkeit jetzt als ihr Selbst und ihren Körper."

Wir halten es für selbstverständlich, dass dieser Körper, dieses Bewusstsein, Gefühl und Erinnerung unser Selbst sind und versuchen dieses „Ich" zu stärken und zu pflegen.

Um dem blanken Nichts zu entgehen, das hinter der Tatsache der Vergänglichkeit liegt, schaffen sich viele Menschen ein enges Konzept von Gott und einer Seele, um sich zumindest eine Kontinuität in der Zukunft zu sichern, und verteidigen diese Vorstellung bis aufs Blut, selbst wenn die ursprüngliche

Offenbarung in den Religionen etwas anderes meint als die vom Menschen geschaffene Idee.

Jedes Wesen trägt die Wurzeln des Glaubens in sich einge-boren, aber die Glaubenssätze, die man uns glauben machen wollte, sind oft längst zu toten Dogmen erstarrt, die in uns keine Resonanz mehr hervorbringen. Sie spiegeln sich in unserer Lebenserfahrung nicht mehr wider und helfen uns nicht, die Widersprüche zu umfassen.

Wenn wir die Wurzeln des Glaubens wiederfinden, machen wir in der Übung unser Bestes und vertrauen Buddha, dass er auf den Rest achtgeben wird. Dennoch sollten wir den Buddhas nicht zur Last fallen.

Wir müssen unsere eigene Aktivität haben.

Das Sitzen wurde erschaffen durch das Mitgefühl der Buddhas mit den lebenden Wesen, durch das Mitgefühl unseres innersten Selbst mit sich selbst.

Es ist der klare und direkte Weg, in dem der Glaube wieder zu sich selbst erwacht, in uns selbst, als Selbstvertrauen. Man sagt: „Der Ort der Geburt ist der wunderbarste Ort." Die alten Buddhas und Patriarchen waren innig vertraut mit diesem Ort und „saßen" in einem Kosmos von Selbstvertrauen.

****

Da „Buddhas die ganze Erde, die zehn Richtungen und die Wirklichkeit des Jetzt als ihr Selbst und ihren Körper betrachten", lösen sie das Problem der Vergänglichkeit im Innersten des Vergehens, das Problem der Zeit im Innersten des Augenblicks und das Problem des Lebens im Innersten der lebendigen Handlung oder Haltung.

Solange diese Praxis nicht tief in Körper, Herz und Geist verinnerlicht ist, müssen wir uns darüber klar sein, dass wir nicht „in Sicherheit sind".

Dogen Zenji sagte: „Wenn ihr euer Licht nach innen richtet und es euch nicht mehr gelingt, etwas mit negativen oder positiven Gedanken einzufärben oder zu beflecken, dann existiert euer Handeln auf natürliche Weise in der Wahrheit, die euer ursprüngliches Gesicht ist, das niemals verborgen war."

Wenn „das Licht nach innen gerichtet" ist, der Geist nicht mehr willkürlich gefärbt, wird er das Feld des umfassenden Augenblicks, der unbewegt den nächsten gebiert, so wie die Frau aus Stein ihr Kind.

In der modernen Quanten-Physik findet man ähnliche Gedanken: „Am Ende allen Zerteilens der Materie bleibt etwas, das mehr dem Geistigen ähnelt, ganzheitlich, offen, lebendig – Potenzialität (…) Es gibt keine Teilchen die unzerstörbar sind, die mit sich selbst identisch bleiben (…) Die alte Potenzialität in ihrer Ganzheit gebiert die neue Realisierung, ohne sie eindeutig festzulegen, jedoch im Erwartungsfeld der ständig abtretenden Welt."[18]

Die Welt ist ein Ereignis des Geistes. Das denkende Bewusstsein schafft so etwas wie eine feine Membrane zwischen unserem Sein und dem Sein der Welt. So fein sie auch sein mag, sie bleibt eine fundamentale Trennung.
Erst wenn wir Teil des Ereignisses werden, sind wir wir selbst.

Auch wenn sich alle Dinge bewegen, bleibt die Tiefe des Geistes unbewegt. Das Ereignis ereignet sich einfach, und alles ist Teil des Ereignisses. Auf solche Weise ereignet sich das ganze Universum in Stille.

---

[18] Hans Peter Dürr: „Warum es ums Ganze geht?"

Wenn der Film in unserem Kopf durch die Haltung unterbrochen wird, erfahren wir die vier Jahreszeiten, jeden Sinneseindruck, jede Empfindung, durch die Wesensart der Leerheit. So können wir auf neue Weise leben, wie neu geboren.

Wenn wir uns vollständig in Zazen vertiefen, werden wir nicht vollständig leer, sondern gerade leer genug, um „Briefe aus der Leerheit zu erhalten".

Auf dem Weg brauchen wir nicht ständig zurückzusehen. Die Vergangenheit liegt als unbewusste Kraft in uns, wird im Jetzt aktualisiert, neu geordnet, und bestätigt so die werdende Zukunft.

So leben wir den Weg inmitten der Samsara-Welt durch unser einfaches Sein.

Der alte, knorrige Pflaumenbaum

Das Erblühen des Pflaumenbaums ist das Erwachen des Geistes zu seiner authentischen Natur.

Ein reiner Augenblick des Geistes wird geboren, eine Welt des Soseins entsteht.

Wenn wir versuchen, im Innersten des Körpers oder des Bewusstseins eine reine Natur zu finden, so suchen wir vergebens.

„In der Tiefe des Geistes etwas zu finden", funktioniert anders, als im Inneren eines Gefäßes etwas zu suchen. Es deutet darauf hin, dass eine tiefere Wirklichkeit lebendig wird.

Selbst wenn wir in uns nichts anderes finden als Vergänglichkeit, erhalten Körper und Bewusstsein doch eben durch diesen Geist, der nichts für sich erwartet, einen tiefen Einfluss und einen stillen Glanz.

Indem wir uns vollständig in die alltägliche Praxis versenken, verschwinden wir.

Und genau in diesem Moment „treibt ein alter, knorriger Pflaumenbaum Blüten mitten im Winter."[19]

Zehntausendmal solches Sitzen zu wiederholen macht das Leben zur Wirklichkeit des authentischen Menschen, jenseits der Idee einer Besonderheit.

Würde ein alter Pflaumenbaum sich aufspielen? Ein alter Pflaumenbaum denkt nicht so. „Die Blüten des Pflaumenbaumes sind nicht stolz auf ihre Reinheit oder ihren Duft."[20] Alles ist darin schon erfüllt. Deshalb gibt es geklärtes Selbstbewusstsein und Vertrauen. Der Abend, Himmel und Erde, sind Teil davon.

Solche Übung ist der reinste und tiefste Geist selbst – die Reinheit und der Duft der Pflaumenblüten.

Dogen Zenji sagte: „Wenn der alte Pflaumenbaum blüht, wird die Welt geboren."[21]

Wir haben manchmal die Vorstellung, dass die Welt eine Theaterbühne ist, auf der wir auftauchen und dann abtreten, aber es gibt auch die Zeit eines Atemzuges, in der Existenz und Welt simultan geboren werden.

Jetzt einfach vollständig hier zu sein, und die Ganzheit ist erfüllt.

Die Reinheit und der Duft der Blüten durchdringt ohne Verzögerung den ganzen Raum und füllt diese Lebenszeit mit neuer Frische aus.

Wenn man an einer Felsenküste sitzt und sieht, wie sich die Wellen gegen die Felsen werfen, ist das ein faszinierender Anblick. Die Wellen verformen zusammen mit Sonne und

---

[19] Shobogenzo Baike
[20] Shobogenzo Baike
[21] Shobogenzo Baike

Wind die Küste, als zeitloses Ereignis – unbefleckte Praxis, sich selbst genügend.

Der alte, knorrige Pflaumenbaum, der in der Tiefe der Berge in karger Umgebung wächst, hat solche Natur. Man kann nicht mehr bestimmen, welches Alter er hat. Seine Blüten sind immer neu und frisch.
Eine Blüte öffnet sich, wandelt ihre Form und ihr Kleid – Frühling, Sommer, Herbst und Winter.

Buddha sehen, sich selbst begegnen

„Buddha begegnen" heißt sich selbst begegnen. Dies geschieht scheinbar jeden Tag, jeden Moment, und trotzdem begegnen wir uns lange Zeit nicht wirklich, nicht ganz. Wir sehen einen Schatten, einen Ausschnitt, ein Abbild, aber solange die Begegnung nicht vollständig stattgefunden hat, fehlt etwas in unserem Dasein.
Dieses Fehlende versuchen wir durch viele verschiedene Dinge zu ersetzen, aber so werden wir bis ans Ende unserer Tage im Hamsterrad rennen.

Shakyamuni Buddha sagte vor einer großen Versammlung: „Wenn ihr sowohl die vielfältigen Formen als auch ihren Aspekt der Nicht-Form erfasst, seht ihr unmittelbar den Tathagatha, begegnet ihr unmittelbar dem Buddha.
Es ist eine den ganzen Körper durchdringende Erfahrung, wenn ihr sowohl die vielfältigen Formen dieser Welt als auch ihre Nicht-Form erfasst und darin dem Tathagatha begegnet." [22]

---

[22] Shobogenzo Kembutsu

Die Nicht-Form in den vielfältigen Formen zu erfassen, geschieht ganz direkt durch das Erfassen unserer eigenen Nicht-Form.

Ich bin, ich existiere, und gleichzeitig ist dieses „ich bin" Aktivität der zugrundeliegenden Nicht-Form.

Wenn der Aspekt des „ich" und „mein" vollständig verschwindet in der Handlung, in der Haltung, dann könnten wir wirklich sagen: „Das ist meine Aktivität". Aber es gibt da niemanden, nur die Aktivität oder Handlung selbst.

Es ist „die Person kennen, die wir kennen sollten".

Zazen wurde von den Buddhas und Patriarchen als die tiefste Form des Sich-selbst-Begegnens übermittelt und Zazen ist die Grundlage des Sich-selbst-Begegnens in den alltäglichen Handlungen und Ereignissen.

Alle Menschen hören und sehen, aber nur wenige erfassen die Nicht-Form von sich selbst und anderen. Aus diesem Grunde gibt es ohne Unterlass Konflikte und Streit.

Form hat die Dimension von „Praxis der Form".

Sich in den „Formen" zu verlieren, sich in der alltäglichen Welt zu verlieren geht schnell, denn schnell ist man in der Welt der sechs Sinne verloren.

Buddha begegnen, sich selbst begegnen beinhaltet deshalb, die sechs Sinne zu reinigen oder klären zu lassen durch die ruhige Aktivität der Leerheit.

Dass die Dinge sich wandeln und vergehen, können wir beobachten, aber in uns selbst zu erfahren, dass das „Jetzt" darin das Stabile oder Ewige ist, macht wahre, befreiende Begegnung aus.

Hochzeit
(Hochzeit Dojo Hamburg, Kusen Jan. 2011)

Um ein authentisches Leben zu führen, brauchen wir einen Weg, der über uns selbst hinausgeht und der groß genug ist, alle Widersprüche zu umfassen.

Unabhängig davon, ob wir allein leben, in einer Gemeinschaft oder eben zu zweit als Paar, ist das der entscheidende Punkt.

In ihrem tiefen Wesen ist Liebe nicht gebunden an eine Form, sie ist wesensverwandt mit einem Weg, der die Widersprüche umfassen kann.

Wir brauchen nicht so etwas zu sagen wie „ewige Liebe" oder „kurze Liebe", aber was wir tiefer verstehen müssen ist, dass wir durch unsere Persönlichkeit, unser Verlangen, unsere Unwissenheit das, was an sich unbegrenzt ist, immer auf unsere persönliche Weise begrenzen.

Eigentlich gibt es aber keinen Grund, warum Liebe sich nicht immer wieder erneuern oder in sich selbst wachsen könnte.

Es ist wahr, dass unser Geist oft zu klein ist oder zu unwissend, und seine Begrenzungen so stark, dass das Feuer erlischt. Aber wenn wir in der Lage sind, die Begrenzungen, die wir selbst schaffen, klar wahrzunehmen, kann der Wind aus allen Richtungen wehen. Unseren Geist, unser Herz auf diese Weise offen zu halten, ermöglicht uns ein authentisches Leben, selbst wenn wir manchmal in eine Sackgasse geraten. Den Rest tut die Liebe selbst. Es braucht keine fremde Anweisung.

Wenn man zusammen lebt, auch wenn man in Liebe zusammen lebt, gibt es nicht immer gute Tage. Aber es bedeutet nicht, dass die Liebe an sich verschwindet.

Wenn wir unser allerinnerstes Gefühl darin nicht unnötig beflecken und Wege haben, es zu erneuern, dann ist nichts versperrt.

Die verschiedenen Emotionen, die sich in uns manchmal gegensätzlich bewegen, zu besänftigen, ist aber nicht immer einfach. Es liegt auch grundsätzlich eine Herausforderung darin – nicht eine Arbeit – obwohl, manchmal doch ein bisschen Arbeit.

Auf jeden Fall verstehen alle, dass sobald sich das Herz öffnet, sich die Welt verwandelt.

Das was mühsam oder schwierig schien, verliert sein Gewicht, und solche Verwandlung lässt die Umgebung und die Anderen nicht unberührt.

Deshalb bekommt unser Leben Sinn, wenn unsere individuelle Existenz sich mit dem Weg verbindet.

Ohne dass irgendjemand von außen sagen könnte was Liebe ist, wird sie aus sich selbst geboren, spricht für sich selbst, findet ihre eigenen Wege und kann sich auch als Buddha-Herz offenbaren.

Innere Feinabstimmung
(Kusen aus dem Holland-Sesshin 2010)

Zu Beginn des Sitzens und auch von Zeit zu Zeit während des Sitzens müssen wir eine Art Feinabstimmung vornehmen zwischen Haltung, Atmung und der Aktivität des Geistes, also gegenwärtig sein.

Die äußere Form der Haltung zu verstehen ist nicht so schwer, aber die innere Feinabstimmung erfordert unsere Hingabe und unser Herz.

Wenn in unserem Sitzen die innere Feinabstimmung fehlt, kommt die richtige Verbindung unserer Existenz mit der Kraft des Jetzt nicht zustande. Unser Bewusstsein flimmert dann sozusagen nur an der Oberfläche des Ozeans der Zeit, wie die zehntausend Widerspiegelungen im vom Wind gekräuselten Wasser. Findet die innere Feinabstimmung jedoch statt, ist es so, als ob in der Tiefe des Geistes ein Hebel umgelegt wird, und die Kraft und Größe des Jetzt werden wach.

Manchmal denken wir, dass es einer besonderen Kunst oder Fähigkeit bedarf, um mit dem gegenwärtigen Moment eins zu werden, aber so ist es nicht. Es ist vielmehr ein Sicheinlassen auf, ein Vertrautwerden mit der inneren Schwingung der Gegenwart.

Vergangenheit und Zukunft sind nur Gedanke des Jetzt. Aber, wenn die Substanz des Jetzt unser Geist wird, ist eine bewusste oder willentliche Kontrolle überflüssig.

Es kann ein „sich selbst überlassen" stattfinden, ohne die geringste Angst. Da liegt lebendige Freiheit.

Je tiefer diese Kraft des Jetzt in unserem Leben erwacht, umso tiefer und friedvoller wird unser Geist und unser Leben sein, egal was passiert.

Die innere Feinabstimmung entscheidet darüber, wie sich die Welt in uns widerspiegelt und wie unsere Existenz sich widerspiegelt in der Welt.

Wenn ein Mikroskop oder ein Fernglas nicht scharf gestellt sind, nutzen sie nichts, man sieht nur verwaschene Konturen. Wenn sie scharf gestellt sind, erscheinen die Bilder klar und deutlich.

Wenn die Einstellung unklar ist, die Feinabstimmung nicht wirklich erfolgt, gibt es viele Gedanken über „mich selbst" und die Welt.

Wenn das innere Zusammenspiel von Körper, Atmung, Haltung und Geist klar abgestimmt ist, sind wir klar in der Gegenwart und die Gegenwart sind wir selbst.

****

Wir haben alle das gleiche Alter des Jetzt. Dieses Alter vergeht nicht. In der intensiven Atmosphäre der Konzentration im Dojo kann jeder etwas davon fühlen, und das Fortführen der Übung ist nichts anderes, als jeden Tag diese Erfahrung zu erneuern und zu vertiefen. Weil jeder Tag etwas anders ist, gibt es die alltägliche Übung.

Zazen ermöglicht es uns, unser Leben durch die Einheit von Körper, Herz und Geist, Moment für Moment zu erfahren.

Um unser Leben durch diese Einheit zu erfahren, brauchen wir eine gewisse geistige Kraft. Diese Kraft entsteht in der Herausforderung des Sitzens, in der Herausforderung der Haltung.

Wenn wir diese Herausforderung annehmen, liegt in der Mitte davon großer Frieden.

Wir werden dessen gewahr, dass hinter allen Existenzen die gleiche, unergründliche Stille besteht.

Jede Ausatmung führt uns direkt in die Stille des Jetzt, jede Einatmung kommt daher.

Die natürlichen Geräusche und Klänge des Alltags sind Teil dieser Stille.

Die erhabene Ausstrahlung, die das Leben von Shakyamuni Buddha hatte, lag sicher in der fühlbaren Kraft dieses Jetzt.

Im achtfachen Weg, der von ihm gelehrt oder übermittelt wurde, ist ein wesentliches Element, „rechte Einsicht".
Manchmal müssen wir einsehen, dass wir in die falsche Richtung gegangen sind, dass wir Fehler gemacht haben, dass unsere Ziele in Wunschdenken bestanden, oder einfach Illusion waren. Solche Einsicht ist am Anfang schmerzhaft, aber dann befreiend und schafft eine neue Grundlage des Handelns.
Aber in unserem Weg bedeutet rechte Einsicht auch Einsicht in unsere wahre Natur.
Jeder von uns hat das gleiche Alter des Jetzt. Doch dieses Jetzt hat viele Gesichter, wie Regen und Wind, die eine Gestalt haben, dessen Alter unbestimmbar ist. Wenn, vor dem Hintergrund von anfangloser Vergangenheit, die Bedingungen sich im Hier und Jetzt begegnen, gibt es Regen und Wind, gibt es unsere Existenz.

Unseren Schatz empfangen
(Sommer-Sesshin in Schönböken)

In Zazen-Praxis, im Sesshin, können Herz und Geist eintauchen in den kühlenden See des unkonditionierten Geistes, eine Weile darin schwimmen und dann daraus leben.

Abgesehen von einer äußeren Temperatur, wie z.B. in dieser Sommerzeit, ist unser Leben durch viele Dinge erhitzt, aufgeregt oder aufgewühlt. Zazen meint, zur kühlenden Natur des Geistes zurückzukehren, darin einzutauchen und sich zu erholen.

Selbst wenn Zazen manchmal eine körperliche Anstrengung bedeutet, so können sich Herz und Geist zutiefst erholen und abkühlen. Darum geht es.

Die letzte Predigt von Shakyamuni Buddha vor seinem Nirvana trägt eben diesen Namen: *Nirvana-Sutra*.

Im Zen ist ein Teil daraus bekannt als *Hachi Dainin Kaku* – „die acht Verwirklichungen" oder „die acht würdevollen Geisteshaltungen des großen Menschen". Das entspricht in etwa dem Achtfachen Weg, den Shakyamuni von Anfang an lehrte, und ist eine sehr wichtige Übermittlung, eine sehr klare Unterweisung, gegründet auf dem Geist des Nirvana, auf dem Geist der Leerheit.

Zur Quelle des Geistes, zum Ungeborenen zurückzukehren ist Nirvana.

Der Ausdruck „Nirvana" meint das Erlöschen des Durstes. Es ist nicht der Ausdruck für eine andere Zeit oder einen anderen Ort, sondern ein Ausdruck für die Qualität der Zeit jetzt, der Existenz jetzt.

Durst oder das Dürsten nach etwas ist eine zentrale Kraft in unserem Leben, ein eingeborenes Element in uns. Jeder dürstet nach etwas. Der unbewusste Lebensdurst teilt sich auf in viele kleine verschiedene Facetten. So dürsten wir nach vielerlei Dingen, jeder auf seine Art.

Ohne diesen Lebensdurst gibt es kein Leben, denn im Keim des Verlangens oder des Lebensdurstes liegt die potentielle Kraft des Kosmos, die man in der hinduistischen Gedankenwelt als *Shakti* bezeichnet.

Aber leben durch diesen Durst bedeutet auch Qual oder Schmerz – das Grund-Koan unserer Existenz.

Natürlich ist das Leben in vielen Aspekten anhaftenswert. Der Lebensdurst selbst bestätigt das. Aber ebenso sicher wissen wir auch, dass jedes Anhaften den Schmerz des Verlustes in sich trägt. Das ist so sicher wie das Amen in der Kirche.

Im Nirvana-Sutra wird gesagt:
„Erscheinungsform ist nichts anderes als ein Merkmal des Vergehens."

Deshalb ist Erscheinungsform kein Fundament, auf das wir den Geist stützen könnten.

Wir alle versuchen etwas zu bewahren, das nicht zu bewahren ist. Manche üben sogar Zazen, um diese Dinge noch besser zu bewahren, obwohl ihre Vergänglichkeit offensichtlich ist. „Weg" oder „Geist des Nirvana" bedeutet jedoch nicht, die Welt der Erscheinungsformen gering zu schätzen, sondern nicht von ihnen geblendet zu werden.

****

Die erste Haltung des großen Menschen: „Wenig Wünsche zu haben" scheint nicht gerade ein tolles Angebot zu sein. Wenig ist nicht viel, und eigentlich möchten wir viel.

Wenn wir jedoch das Innerste der Dinge berühren können, brauchen wir weder wenig noch viel.

Manche Menschen sagen, eben auch religiöse Menschen, dass sie kein Verlangen oder keine Begierden haben, und davon mögen sie zuweilen selbst überzeugt sein. Aber Wünsche oder Begierden können sich zurückziehen auf den Raum und die Masse eines kleinen Funkens, der scheinbar nicht existiert, doch kommen die entsprechenden Bedingungen zusammen, entsteht aus einem Funken eine große Glut, sowohl im positiven wie auch im negativen Sinn.

****

Der erste Schritt in einer Praxis des Erwachens ist das Gewahr-Werden des Durstes. Es ist das Anliegen des Weges.
Wir sollten nicht sagen, „ich brauche nichts". Eigentlich brauchen wir weder wenig noch viel, wir brauchen das ganze Universum und gleichzeitig nur diesen Augenblick.
„Wenig Wünsche zu haben" heißt, mit dem Ganzen zufrieden zu sein, und nur mit dem Ganzen. Die Erfahrung des Ganzen macht selbstgenügsam, denn „Wenig Wünsche" ist die natür-liche Verfassung von Körper und Geist.
Wenn wir aus unserem eigenen Schatz heraus leben, brauchen wir nicht nach Krümeln vom Kuchen der anderen zu rennen. Unser eigener Schatz ist gleichzeitig der Schatz, der allen Existenzen eigen ist. So viele Existenzen auch aus ihm heraus leben mögen, er erschöpft sich nie, wird nie kleiner. Das macht den großen Unterschied aus zu unserem Bankkonto.

Wenn wir unseren eigenen Schatz verloren haben, wo sollen wir ihn dann wiederfinden?
In der Haltung jetzt.
Die Kraft von Begierde und Verlangen, von Lebensdurst, wird die Kraft dieser Haltung. Da liegt unser Schatz.

Zweifellos hat es einen Grund, dass die Buddhas und Patriarchen Zazen als ihren Weg gewählt haben, als die tiefgründigste Art und Weise, sich in den Rhythmus des Kosmos einzufügen. Aus diesem Grund lernen wir eine bestimmte Form – nicht um an ihr festzuhalten, sondern als Mittel der Kommunikation und des „Sich-Einfügens".

Dies erfordert immer unsere Aktivität oder Aufmerksamkeit. Es ist kein passives Mitschwimmen. Deshalb muss jeder einzelne ein gewisses Verständnis und Gefühl für diese Praxis entwickeln.

Eine Form lernen, auch die Form des Zazen, ist wie Essen: Wir bereiten Nahrung zu, kauen sie, im Magen beginnt die Verdauung, in den Eingeweiden werden die Nährstoffe umgesetzt in Ki, in Lebensenergie. Die Reste werden ausgeschieden und dienen als Dünger. Nur wenn wir eine Form nicht richtig lernen, nicht richtig verdauen, bleibt sie uns in den Eingeweiden stecken und macht den Geist kompliziert.

Der grundlegende Punkt ist, die Dinge mit einer gewissen, nicht überspannten Achtsamkeit zu tun. Das ist für sich eine Herausforderung. Aber wenn wir es wirklich tun, wird es leicht. Wir brauchen nur dieses Sein jetzt zu erfüllen.

Die Zazen-Haltung, die wir auf solche Weise ausüben, bewirkt etwas, das sich auch an die Umgebung mitteilt, und die Welt der Leerheit wirkt durch die Zazen-Haltung in uns hinein.

Nirvana oder Samsara sind Qualitäten dieses Augenblicks. Wir sollten ihn nicht verpassen.

Betrachtet die Zeit des Zazen deshalb nicht als ein Absitzen von Zeit und die anderen Aktivitäten als eine Pause zwischen diesem Absitzen.

****

Das Aufgeben der persönlichen Kategorien, der Ich-Welt und der Eigenmächtigkeit, macht es dem Leben des Kosmos leicht, in uns einzutreten.

Indem wir es dem Kosmos leichter machen, uns zu „besuchen", werden wir selbst ganz leicht.

Zazen führt uns vom gedachten Leben direkt hinein in den Atem des Lebens.

Aus diesem Grunde, sagt man, wurde der Weg immer übermittelt durch das schweigende Sitzen. Es beginnt mit dem persönlichen Schweigen.

Der achte Punkt, der im *Hachi Dainin Kaku* zu Wort kommt, ist *Fukeron*, „schweigend empfangen".

Manchmal ist das übersetzt mit „Nicht-Diskussion" oder „Nicht-Dualismus". *Ron* meint „Rede", *Fukeron* „sich nicht in Rede und Worten zu erschöpfen."

Um die Stille jenseits der Worte zu empfangen, müssen wir die innere Rede beenden, das sich selbst wiederholen, das „Verliebtsein" in die eigenen Gedanken und Ideen, denn auch das Bewusstsein trägt in sich das Merkmal des Vergehens, wie alles andere.

Fukeron meint die Fähigkeit, direkt, unmittelbar ganz aufnahmefähig zu sein für den Moment, für das, was jetzt geschieht.

Hachi meint „acht", *Dainin,* „großer Mensch", *Kaku* bedeutet sowohl „verwirklichen" als auch „empfangen" oder „transparent werden". Man könnte also auch sagen, die acht würdevollen Haltungen empfangen, dafür transparent werden, sie ohne Widerstand annehmen.

In unserem Weg sprechen wir eher von „übermitteln" als von „lehren". Übermittlung findet oft jenseits der Worte im lebendigen Tun statt. *Kaku* hat solchen Hintergrund.

Übermittlung setzt voraus, dass etwas ohne Widerstand weitergeleitet wird.

In einem Glasfaserkabel z.B. werden Impulse oder Signale weitergeleitet, ohne dass es großen Reibungsverlust gibt. Im Weltraum, in dem es keine Atmosphäre gibt, werden Wellen oder Licht übermittelt ohne Reibungsverlust. Versuchten wir jedoch einen Impuls durch ein „Holz-Kabel" zu leiten, würde fast alles verlorengehen. Manchmal ist unser Geist so verholzt.

Wenn zwischen Menschen etwas übermittelt wird, gibt es immer eine Art Reibungsverlust. Das ist fast normal. Aber durch den Geist der Praxis und ein intuitives Verständnis von Leerheit gibt es direkte Übermittlung, jenseits von Konzepten oder dem Hängen an Worten. Das kommt zum Ausdruck in *Kaku* – „empfangen" oder „transparent werden".

Unser Geist, jedes kleinste Teilchen unseres Körpers, jedes Atom, sind in ihrer Natur vielleicht nichts anderes als Schwingungen, die durch den Hintergrund der stillen Weite des Sitzens füreinander transparent werden können.

Deshalb können wir, egal in welcher Epoche wir leben, zu dieser stillen Welt vor der Unterscheidung zurückkehren.

Onri, ein weiterer Punkt des *Hachi Dainin Kaku,* meint „Klang" und „Freude": „Sich am Klang der inneren Stille erfreuen."

Die Berge genießen den klaren Morgen. Das abgelegene Tal empfängt den Abend.

Jenseits der Welt der Bonno, die zweifellos in uns arbeitet, gibt der große Weg uns uns selbst zurück.

Wenn wir solche Art von Gegenwärtigkeit kultivieren, finden wir Buddha genau da, wo wir sind.

Resonanz
(Sesshin. Berlin)

Die Natur der Zeit, oder die Natur des Geistes, ist nicht zu objektivieren, nicht zu ergreifen, aber ohne Zweifel wartet sie darauf, aktualisiert zu werden.

Es gibt den Ausdruck „das Leben verpassen", „das Leben zieht an einem vorbei", oder „das Leben erstickt in der alltäglichen, grauen Routine".
Die Empfindung, das Leben zu verpassen, bedeutet ganz klar, dass es zu dieser Zeit in unserer Existenz keine Zeitlosigkeit gibt, dass der Zusammenhang mit dem Ewigen verloren gegangen ist.
Ein alter Meister sagte: „Die wahre Essenz der Dinge ist immer mit uns, aber es gibt keinen Weg, keine Möglichkeit hineinzubeißen".
Erwachen hat keine eigene Form oder Farbe. Es lässt sich nicht ergreifen, noch kann unsere Praxis es erzwingen. Aber es ist uns nicht fremd, und obwohl wir uns des Öfteren davon entfernen, existiert es schon in uns, leben wir darin, und innerhalb der bewegten Welt kann es jegliche Gemütsbewegung in inneren Frieden verwandeln.

Unsere eigene Buddha-Natur benutzt den Weg der Übung, um Körper und Geist zu verwandeln – langsam. Es gibt dabei keine Möglichkeit, die Veränderung ins Auge zu fassen, sie offenbart einfach mit der Zeit ihre Wirkung.
„Langsam" bedeutet, dass die Verwandlung ihrem eigenen Rhythmus folgt, unabhängig von Wünschen oder Abneigungen.

Wenn unser Leben uns nicht gefällt, neigen wir dazu, eine Situation schnell ändern zu wollen, und in der Tat müssen wir manchmal entschieden die Richtung ändern. Aber, was die Dimension des Weges betrifft, gibt es eigentlich nicht den Druck, etwas zu überstürzen, nah oder fern haben dort einen anderen Stellenwert.

Der große Fisch am Grunde des Ozeans zieht ruhig seines Weges, ohne Eile. Er muss nicht schnell irgendwohin und schwimmt in Übereinstimmung mit seinem Element.

Das Zeitlose liegt nicht in der Abfolge der Ereignisse, sondern in der Art und Weise, wie Körper und Geist in dieser Zeit sind.

Das Leben zu verpassen bedeutet die Entwertung unserer Existenz. Unser Leben zu verwirklichen als Zeit, meint das Erwachen unserer Existenz zur Natur des Ewigen.

****

Wenn man einen Stein in einen Teich oder See wirft, entstehen ringförmige Wellen, die sich über die ganze Oberfläche ausdehnen und dann wieder in ihn zurückkehren.

Dann wird vielleicht ein neuer Stein ins Wasser geworfen, eine neue Welle entsteht und vergeht, ohne sich an irgendetwas festzuklammern. Obwohl Welle und See eins sind, untrennbar, sind sie gleichzeitig auch zwei. In ihrem inneren Widerhall wird ihre Einheit lebendig.

Solche Resonanz ist eigentlich gemeint mit den Ausdrücken „mitempfinden, Mitgefühl".

Unsere Handlung sollte mit der Zeit so werden wie die Wellen auf dem See – ohne an sich selbst festzuhalten, in Resonanz mit dem Ganzen. Dann ist Zazen selbst Buddha und die alltäglichen Handlungen sind der Weg.

Durch unser individuelles Bewusstsein sind wir für oder gegen etwas oder neutral, aber durch den Geist des Weges sind wir „mit" der Schwingung des Ganzen, so wie ein Instrument einen Klang hervorbringt, wenn es einen Resonanzkörper hat. Sich selbst vergessen bedeutet, dass wir innerhalb dieser Resonanz eins werden mit den Dingen; dann bringen Subjekt und Objekt einen Zusammenklang hervor.

Weil der Weg so ist, geschieht Verwandlung langsam. Sie bedient nicht unsere Wünsche und Erwartungen. Sie führt uns, jenseits dieser Kulisse, in uns selbst hinein.

Weil der Geist des Weges nicht für oder gegen etwas ist, sondern weit, offen und großzügig, gibt es in jedem Bereich der Samsara-Welt einen Buddha, einen Weg des Erwachens.

Obwohl es in der Übung des Weges eine persönliche Entscheidung gibt, beruht sie auf dem Echo von Buddha-Natur, auf dem Mitgefühl des Buddha. Deshalb ist Praxis nicht nur eigene Handlung, sondern großzügige, natürliche Lebensaktivität, die gleichzeitig allen Existenzen dient.

An diesem Punkt angelangt, sitzt man einfach. Das ist das Herz des Bodhisattva-Weges.

Der Staub der Jahrtausende
(Mai-Sesshin Schönböken)

Wanshi Zenji benutzte den Ausdruck: „Sich durch den Staub der Jahrtausende hindurchzuarbeiten" oder: „Den Staub der Jahrtausende durchsitzen".

Von ihm stammt auch der Satz: „Das leere Feld liegt schon in euch, aber ihr könnt es nicht kultivieren oder bestellen durch den gewöhnlichen Willen oder das unterscheidende Bewusstsein."[23]

Sich durch den Staub der Jahrtausende hindurcharbeitend, verwirklicht sich das leere Feld durch sich selbst. Die ursprüngliche Natur dieses leeren Feldes ruht gelassen in der stillen Weite.

---

[23] Wanshi Zenji „Das Kultivieren des leeren Feldes"

Zahllose Generationen von Vorfahren haben die Welt und das Leben so geprägt, wie wir es heute als Erbe empfangen, durch eine unzählbare Anzahl von Versuchen und Irrtümern, Korrekturen und Katastrophen. Ob wir es mögen oder nicht, dies ist die Welt, die wir empfangen, und es bleibt uns nichts anderes übrig, als dieses Erbe anzunehmen und unseren Teil darin zu tun.

Ähnlich wie unsere äußere Welt, über viele Generationen, wie ein Korallenriff gewachsen ist, ist auch unsere innere Welt entstanden und gewachsen.

Viele, viele Leben von Gewohnheiten und Irrtümern, von Erkennen und wieder Vergessen, haben unser Gehirn geprägt, unser Innenleben. Aber dennoch liegt in der Tiefe davon das leere Feld, in der weiten Stille der Zeitlosigkeit.

Der Staub der Jahrtausende, man könnte sagen „der Staub der Jahrmillionen", ist unser Bewusstsein mit seinen vielen Gewohnheiten, unzähligen Gedanken, Empfindungen und dem Festhalten daran.

In Zazen taucht diese Welt auf. Ein Gedanke an Gestern oder ein Gedanke über Morgen, der sich verbindet mit einer Empfindung, wird das, was man „Bonno" nennt. Gefühle oder Verlangen verbinden sich mit Gedanken und lassen so in unserem Gehirn eine künstliche Welt entstehen, obwohl wir hier und jetzt einfach auf diesem Kissen sitzen.

Natürlich liegt der schwierige Punkt des Zazen, eigentlich der Punkt der Befreiung des Geistes, im Auftauchen und Gehenlassen der Gedankengebilde, die mit Emotionen und Gewohnheitsenergie eng verwachsen sind und den Geist in sich binden.

Sicherlich liegt die größte Kraft des Sitzens von Shakyamuni Buddha in der Fähigkeit, Leben und Tod als Gebilde loszulassen. Dieser Punkt ist nicht einfach, aber Zazen bedeutet, sich durch diesen Staub hindurchzuarbeiten und genau darin das leere Feld zu empfangen.

In der Welt der Erscheinungsformen können wir nicht zurückgehen in die Vergangenheit, aber indem wir uns durch den Staub der Jahrtausende hindurcharbeiten, kehren Körper und Geist zurück zur wahren Form des Jetzt, zum wahren Geist des Jetzt.
Auf diese Weise kann der Geist die Bonno-Welt loslassen und das leere Feld verwirklichen, das in der stillen Weite des Geistes ruht.

****

„Der Staub der Jahrtausende, zehntausend Male in sich selbst gefaltet, und fast zu Stein gebacken",[24] verwandelt sich durch die Macht der Stille in das leere Feld, zerbröselt zu nichts.

Aber das setzt wirkliche Beharrlichkeit voraus. Deshalb ist reelle Zazen-Praxis etwas für viele Leben. Und dennoch ist in einem Sitzen alles enthalten.

Das leere Feld enthält den Staub der Jahrtausende, ohne von ihm gestört zu werden. In jedem Staubkorn ist das leere Feld vollständig enthalten, ruhig und weit, ohne begrenzt zu sein.
Sawaki Roshi sagte: „In einem Sitzen ist alles enthalten."
Alles meint wirklich alles, weil jedes in seiner Substanz dieses Eine ist.
Der Geist, im Kern des „hier und jetzt", kennt keine besondere Zeit noch einen besonderen Ort, deshalb sind in ihm alle Existenzen und alle Zeiten willkommen.
So ist er der Ort, an den alles zurückgeht und von dem alles kommt.

---

[24] Wanshi Zenji

Das leere Feld liegt unberührt in der weiten Stille. Aber auf diese Weise kommuniziert es mit allen Dingen, ist überall. Wenn unsere alltäglichen Handlungen mit diesem leeren Feld kommunizieren, dann werden sie im tiefsten Sinne das, was wir Ritual oder Zeremonie nennen, als Ausdruck und Verbindung mit einer Welt jenseits der Zeit. Darin liegt der Zauber.

Wenn Körper und Geist mit ganzem Herzen sitzen, ist das Buddha-Dharma in Form von Zazen. Wenn Körper und Geist sich mit ganzem Herzen verneigen, ist es Buddha-Dharma in Form von Sampai. Wenn Körper und Geist mit ganzem Herzen hören, sprechen, die alltäglichen Dinge tun, so ist das Buddha-Dharma in Form der alltäglichen Dinge, und dieser Dharma hat seine eigene Art und Weise, in die Umgebung auszustrahlen und sich in der Natur widerzuspiegeln.

****

„In einem Sitzen ist das ganze Leben enthalten", in einem Augenblick die ganze Welt, das ist Buddha-Dharma. Aber wenn niemand diesen Weg bewahrt, ausübt und übermittelt, setzt sich das Leiden endlos fort, mit seiner ganzen Schleppe von Bonno, Gier, Hass und Verblendung. Wir können das jeden Tag beobachten, aber wir selbst sind auch gefangen in den Gebilden unseres Bewusstseins und müssen immer wieder erwachen.

Ich, Andere, Buddha oder Buddha-Dharma sind nur Namen in einem Traum.
Leben und Tod, Glück und Unglück sind auch ein Traum.
Jemand ist in einem Alptraum gefangen und erwacht, jemand anderes ist vor Glück betrunken und wird nüchtern. Sowohl ein guter Tag wie auch ein schlechter Tag sind ein Traum.

„Unsere Existenz selbst ist ein Traum" ist keine einfache Negation. Denn der Traum bedingt Erwachen und Erwachen bedingt den Traum.

Wenn der Geist erwacht und weiß, dass er in einem Traum ist, verliert er seine Angst und Befangenheit. Und das leere Feld dehnt sich aus, soweit das Auge reicht, ohne irgendwo an eine Begrenzung zu stoßen.

Dôjô im Zen-Zentrum/Tempel Schönböken, Mokushôzan Jakkôji

Dôjô im Zen-Zentrum Berlin, Shôgôzan Zenkôji

Kurze Vorträge / Kusen
im Dojo Berlin

Die Würde der Vorfahren

Wenn wir die Worte und Taten der alten Buddhas, der alten Meister, durch den stillen Zazen-Körper in uns aufnehmen, werden sie in uns aktualisiert und lebendig.

Auf diese Weise wird die Essenz des Zen übermittelt. Auf dieser Grundlage vertiefen wir die Praxis immer weiter, ohne auf die Früchte unserer Anstrengung zu schielen.

Die Einfachheit und Würde der alten Buddhas und Patriarchen liegt in dieser Art der Übung. Ein Leben solcher Übung wird identisch mit einem Tag solcher Übung und umgekehrt.

Aus dem stillen Körper, aus dem Geist des Samadhi, wird eine innere Verfassung geboren, deren Realität die Widersprüche umfasst.

In der Tiefe der inneren Sammlung ist der Geist einfach. Durch diese „Einfachheit" bilden sich Verschiedenheit und Unterschiede ab und werden gewürdigt in ihrer Identität. Diese Praxis schafft die Würde der Wesen und der Existenz.

Morgens aufstehen

Morgens, wenn wir aufstehen, gibt es den Moment, wo sich unsere Füße auf den Boden, auf die Erde stellen, und wir „stehen auf". Dieser Moment scheint selbstverständlich zu sein, aber es ist im wahrsten Sinne des Wortes ein grundlegender Moment.

Es gibt noch nichts Spezielles zu tun, nur einfach da zu sein.

Für einen kurzen Augenblick sind wir dann, unbewusst, einfach mit Himmel und Erde verbunden, noch ganz leer von allem „Zeugs".

Natürlich erscheinen unmittelbar danach die Gedanken und wir tauchen ein in die Welt des Ich.

Sich in Zazen setzen und die Haltung aufrichten ist ähnlich wie dieser Moment des morgendlichen Aufstehens. Aus der Welt des Nachttraumes erwacht der Geist und wird sich der Schemen seiner Tagträume gewahr.

Unser Leben ist eigentlich eine Abfolge von Nachttraum und Tagtraum, in Wirklichkeit ohne Substanz.

Dieses „ohne Substanz", vollständig angenommen, wird das Fundament unseres Sitzens. Genau darauf stützen wir unser Leben.

––––––

Ein Freund

Wenn unsere alltägliche Übung unser Ziel ist, der Punkt auf den wir unsere Achtsamkeit richten, wird darin von Anfang an etwas sein, das unser Leben ermutigt und das uns einen gewissen authentischen Geschmack von uns selbst gibt, ohne dass wir so genau festmachen können, woran das liegt.

Selbst wenn die Knie manchmal schmerzen oder wir mit anderen Schwierigkeiten kämpfen, wird aus solcher Art von Übung eine Kraft kommen, die unser Leben stützt, und mit der Zeit werden wir unabhängig von der Idee, etwas Besonderes erreichen zu müssen.

Ohne dass wir selbst oder das Leben vollkommen sein mögen, gibt es etwas, das uns darin stützt, und von Zeit zu Zeit mag es einfach sein, dass unerwartet ein „guter Freund" auftaucht, so wie unerwartet der Frühling kommt. Dies ist die Weise wie „Übung und Bestätigung sind nicht zwei" sich zum Ausdruck bringt.

Wenn wir in unserem Leben, in der Welt, alles kennen würden und alles von unserer Vorstellung und unserem Wissen ergriffen wäre, könnte es nichts mehr geben, das unser Leben erneuert.

Wenn wir Praxis haben, die unser Leben stützt, warten wir nicht auf das Besondere, und dann ist es so, dass manchmal unerwartet „ein Freund" auftaucht.

Unerwartet kommt das Frühjahr, unerwartet blühen die Blumen.

Wiederholung

In unserem Weg wiederholen wir jeden Tag die gleiche Übung, ohne dass wir jedoch versuchen, die gleiche Erfahrung oder irgendeine Art von Erfahrung zu wiederholen. Weil wir nicht versuchen, irgendeine Art von Erfahrung zu wiederholen, ist unser Geist jeden Tag neu. Wenn unser Geist jeden Tag neu ist, ist auch unsere Praxis jeden Tag neu. Wenn unsere Praxis jeden Tag neu ist, ist unser Leben jeden Tag frisch.

Wenn wir nicht versuchen, die Situation von gestern wieder zu erleben, dann nehmen wir einfach das, was jetzt ist, als Grundlage unserer Übung des Weges. Wenn es Hitze ist, nehmen wir Hitze als Grundlage, wenn es Kälte ist, Kälte, wenn es Gewinn ist, nehmen wir Gewinn, wenn es Verlust ist, nehmen wir Verlust, wenn es Schmerzen in den Beinen sind, nehmen wir Schmerzen in den Beinen.

Auf diese Weise entdecken wir, dass der Grund, auf dem sich unser Leben gründet, wie ein Felsen ist und doch Leerheit. Wir gründen unser Leben felsenfest in Leerheit.

Die schwierige Übung

Manche Leute sagen, dass Shikantaza die schwierigste Übung ist, weil man permanent die Aufmerksamkeit und den Willen auf das Sitzen lenken müsste.

Sie denken, dass Shikantaza eine Methode ist neben anderen, aber das ist sie nicht.

Das „ganz" oder „ausschließlich" des Sitzens bezieht sich auf das Herz.

In Zazen-Praxis gibt es zweifellos die Seite der Methode oder Technik, das korrekte Sitzen, die korrekte Form. Aber im Innersten ist Zazen fundamental ein Akt des Glaubens, durch den ganzen Körper vollzogen und durch den ganzen Körper erfahren.

In manchen Schulen versuchen die Praktizierenden eine bestimmte Verfassung des Geistes zu erreichen, die dann vom Meister bestätigt werden sollte.
In unserem Weg bestätigt der innerste Glaube des Geistes sich selbst.
Das ist ein wichtiger Punkt, denn er bedeutet, dass die Übung jeder einzelnen Person autonom bleibt.

Dennoch sind die Erfahrung und das Leben, das dadurch geprägt wird, fühlbar oder sichtbar. Darüber gibt es zwischen Meister und Schüler mit der Zeit ein natürliches Einverständnis. Der Weg wird in der Tiefe unseres Herzens oder Geistes durch die große Stille bestätigt – nicht durch ein Papier, eine Urkunde, ein Zeugnis. Nur die Art und Weise, wie wir leben, wird Ausdruck davon.

———

Besitzen

Für uns Menschen ist es notwendig, eine Weile Besitzer zu sein, etwas zu erreichen oder zu erringen, manchmal sogar zu erobern. Besitzen bedeutet auch, den Wert von etwas zu erkennen.
Erstaunlicherweise kommt der Ausdruck „Besitzen" von Sitzen, Besetzen.

Aber letztendlich können wir nichts besitzen. Wir können „Sitzen".

Wenn wir uns auf dem Boden niederlassen, Knie und Hüften fest verankert in der Erde, die Wirbelsäule aufrichten, uns mit dem Rhythmus der Atmung verbinden und in den natürlichen Fluss der Gedanken nicht einmischen, geschieht eine Verschiebung des inneren Mittelpunktes – eine Verschiebung des Schwerpunktes vom Besitzen und Haben hin zum Sein.

Diese Verlagerung des Schwerpunktes findet statt durch die Aktualisierung der Ganzheit. Es geschieht eher unbewusst, aber trotzdem müssen wir uns damit auseinandersetzten, denn darin liegt auch eine Wahl, eine Bestimmung.

Im Buddha-Weg ging es immer um das Sein jetzt, und der Ausdruck „Nirvana" bedeutet die Loslösung der Fesseln. In einer Umgebung oder Gesellschaft, in der alles auf Haben und Besitzen gerichtet ist, erscheint eine solche Umwendung für einen Moment verrückt, aber in Wirklichkeit ist es das Kostbarste. Deshalb sollten wir es nicht auf später verschieben.

––––––––––

Ohne fixe Form

Eines Tages wurde der 14. Patriarch Nagarjuna gebeten, vor einer Versammlung den Weg zu erklären.

Er kam zu seinem Sitz, ließ sich nieder in Zazen, und plötzlich war sein Körper verschwunden.

Man sah nur noch einen runden, vollen Mond.

Nach einer Weile war sein Körper wieder zu sehen.

Die Leute fragten, was es mit dem Mond auf sich hatte, und Kanadeva, ein Schüler Nagarjunas, antwortete für den Meister: „Form ist Leerheit, Leerheit ist Form. Die fünf Skandhas antworten ungezwungen auf die Umgebung".

Die fünf Skandhas, Körperlichkeit, Wahrnehmung, Empfindung, Bewusstsein, Wille sind, mit anderen Worten, unsere lebendige Existenz. Sie ist in einer Wellenlänge mit der Umgebung und gleichzeitig wie der volle Mond – das Sitzen, das uns selbst von innen erleuchtet.

Später stellten sich manche Leute Buddha-Natur als einen runden Mond vor, oder als weiten Raum.
Aber diesem Körper, diesem Sitzen jetzt, sollten wir weder die Form eines runden Mondes, noch die eines weiten Raumes geben.
Wenn es in dieser Form jetzt den „Ich-Gedanken" gibt, ist der Körper, selbst durch „erhabene" Vorstellungen, begrenzt.
Wenn der „Ich Gedanke" vergessen ist, ist der Körper ohne fixe Form und korrespondiert frei mit der Umgebung.
Ein Staubkörnchen ist ohne fixe Form, ein Berg ist ohne fixe Form. Eben darin liegt das Geheimnis der Form.

———

Der vergessene Spiegel

Eines Tages suchte eine alte Frau im ganzen Haus verzweifelt ein Kleidungsstück, das sie schon lange vermisste. Nach einiger Zeit stieß sie auf dem Dachboden auf eine verstaubte Kleidertruhe. Sie nahm alles, was darin war, heraus. Auf dem Grund der Truhe fand sie einen abgegriffenen Spiegel aus ihrer Jugendzeit. Sie schaute hinein, sah zunächst ihr altes Gesicht, doch als sie noch länger hinschaute, war ihr ganzes Leben in diesem Spiegel zu sehen, wie ein Traum.

Der vergessene Spiegel – in der Tiefe des Geistes, in der Tiefe des Gehirns liegt die Erinnerung an etwas Ungeschaffenes. Der ursprüngliche Weg selbst liegt dort verborgen. Doch wenn man das Gehirn nach dem Tod seziert, findet man dort nichts. In diesem „Nichts" liegt der Schlüssel. Es ist die Vorrausetzung für „Alles".

In der zeitlosen Erinnerung erscheinen Bilder und Ereignisse wie Schemen, mal wie vorbeifließend vor einem Spiegel, mal aus ihm auftauchend und wieder in ihm verschwindend. Dann wird alles eingetaucht in die Unbeflecktheit des Geistes der Kindheit und dahinter taucht eine noch weitreichendere Dimension auf, hier und jetzt aktualisiert. Die Zeit verharrt dort schweigend und still.

Fächer und Wind

Im *Genjo Koan* gibt es das schöne Beispiel von Wind und Fächer: Wenn man den Fächer benutzt, wird Wind erzeugt.

„Die Natur des Windes ist schon überall" [25] heißt, dass der Weg schon überall ist.

Den Fächer haben wir auch – Körper und Bewusstsein, unsere Existenz. Es liegt an uns, ihn zu benutzen.

Wenn man den Wind verstehen will und wissen will, welche Farbe er hat und welchen Geschmack, ist man schon im Abseits. Über den Wind brauchen wir uns keine Sorgen zu machen.

Sofort, unmittelbar, verstehen wir, was Wind ist, wenn er sich in Bewegung setzt, wenn er Wind „wird".

Über unsere wahre Natur brauchen wir keinerlei Informationen im Vorab. Wir sind sofort intim vertraut damit, wenn sie sich manifestiert.

Deshalb sollten wir uns einfach um unsere Übung kümmern und sie umsetzen mit den anderen zusammen. Der Wind kommt von allein.

------

[25] Genjokoan

Meister Nansen sagte: „Der normale Geist ist der Weg". Wenn wir versuchen zu verstehen, was „normaler" Geist ist, dann ist das so, als ob wir dem Wind Farbe und Form geben wollten. Aber wenn wir uns daran erinnern, dass „Weg" bedeutet, den Fächer zu benutzen, und wir das tun, kommt der Wind von selbst, verwirklicht sich der „normale Geist", Buddha-Geist, von selbst.

Alleinsein

Obwohl wir manchmal das Alleinsein suchen, sind wir nie wirklich allein, und obwohl wir manchmal das Gefühl haben, dass uns Verbindung fehlt, sind wir immer verbunden.

Der Ausdruck „das Haus verlassen" oder „die Welt verlassen" bedeutet nicht, in die Isolation zu gehen, sondern die Natur des Verbundenseins und des Alleinseins zu klären.

Auch wenn wir uns völlig isoliert fühlen, ist die Welt immer mit uns. Trotzdem fühlen wir uns nicht unbedingt verstanden.

Wir können die Verbindung schwer herstellen zu einem Gegenüber, aber man kann sagen, dass es ein „vitales Gemeinsames" gibt, das in jeder Form lebendig und einzigartig wird und doch alles verbindet.

Wir müssen manchmal für eine Weile allein sein, um dieses Element in uns zu berühren.

Wenn wir es in uns selbst berühren, finden wir es auch wieder in der Welt der Erscheinungsformen.

Den Tag zu beginnen, wie wir es im Dojo tun, gibt uns wahres Alleinsein, indem wir die Verbindung mit uns selbst fühlen, und die Verbindung mit dem Tag.

Der Tag hat seine eigene Natur.

Sobald es unser Tag wird, geben wir ihm unsere verschiedenen Formen und Farben, so kann er grau und dunkel werden.

Bevor jedoch der Tag unser Tag ist, ist er wie Himmel und Erde neu und transparent.

Bevor wir ihn zu unserem eigenen Tag machen, sollten wir ihn einfach als Tag erfahren, als Tag der Leerheit, in Frieden mit Himmel und Erde.

Kein Objekt des Glaubens

Meister Deshimaru sagte manchmal: „Ich glaube an Zazen und ich glaube an das Kesa. Aber letztendlich dürfen wir unseren Glauben nicht durch ein Objekt begrenzen, nicht einmal durch Buddha oder Gott."

In unserem Weg sagen wir „Glaube ist Nicht-Zweiheit, Nicht-Zweiheit ist der Glaube", weil, in der ursprünglichen Einheit von Leben und Kosmos, der Geist des Glaubens nicht begrenzt ist durch ein Objekt. Das ist unser letztendliches Ankommen bei uns selbst.

In der Tat ist das, was alle Existenzen trägt, zu groß oder zu subtil, um durch unser Bewusstsein erfasst zu werden. Deshalb können wir nicht wirklich ein Objekt des Glaubens benennen. Dieser Hintergrund ist groß genug, um selbst unsere Zweifel zu umfassen. Und gewissermaßen sind die Zweifel einfach die Rückseite des Glaubens.

Unsere Zweifel können wir benutzen, um unseren Glauben auf tiefe Weise zu klären.

Der ständig alles bezweifelnde Geist ist ein Hindernis, aber der Zweifel, der uns selbst in Frage stellt, ist ein Teil des Glaubens.

Wir brauchen uns nicht an einem Glauben festzuklammern. Es ist ganz in Ordnung, ihn loszulassen, um einer tieferen Bereitschaft Platz zu schaffen.

Deshalb achten wir in unserem Weg darauf, unsere Praxis von Erwartungen oder Objekten des Glaubens zu befreien. Trotz allem mögen wir manchmal im Herzen sagen: „Buddha hilf mir" oder „Gott hilf mir." Das ist kein Widerspruch, und wenn ich zu mir selbst sage: „mein Glaube ist ohne Objekt", dann sind das auch nur Worte. Es ist nicht notwendig, solche Kategorien zu machen. Der Geist des Weges umfasst einfach alles.

Wenn unsere innere Überzeugung geklärt ist, verleiht sie unserer Praxis immer wieder einen vitalen Elan, an dem andere unmittelbar teilhaben können. So entsteht eine natürliche Verbindung des Vertrauens, nicht weil wir so „toll" oder so „hochbegabt" sind.

Es gibt nichts, was Zazen uns nicht übermitteln könnte, darauf können wir bauen. Es bedarf aber unseres Zuhörens, unserer Verfügbarkeit, die Loslassen voraussetzen. Auf diese Weise erweitern wir den Rahmen oder die Dimension unseres Glaubens.

———

Stabilität

Das Wesensmerkmal unseres Alltagsbewusstseins ist Dualität, Unterscheidung und Begrenzung. Der Versuch oder die Idee, dieses Alltagsbewusstsein von seiner Begrenzung zu befreien, ist so, als ob man von einem Haus die Wände und Stützpfeiler einreißen wollte.
Ein Haus braucht jedoch Wände und Stützpfeiler.
Im Weg geht es nicht darum, dem, was Begrenzung braucht, Begrenzung zu nehmen, sondern ihm seine natürliche Funktion zu lassen, es zur Ruhe kommen zu lassen, so dass etwas „anderes" hindurchscheinen kann.
Unser Alltagsbewusstsein muss die Dinge begrenzen. Selbst die Vorstellung von Einheit ist eine Begrenzung. Aber es trägt

gleichzeitig den Wunsch oder die Sehnsucht nach dem Unbegrenzten in sich, ohne sie jedoch erfüllen zu können.

Genauso braucht das Alltagsbewusstsein Stabilität, um zu funktionieren, seine eigentliche Stabilität erhält es aber nur durch die Gegenwart des Unbegrenzten, das im Hintergrund der Seele liegt.

Deshalb, anstatt durch unser begrenztes Bewusstsein das Unbegrenzte begreifen zu wollen, sollten wir ihm von Zeit zu Zeit die Möglichkeit geben, sich niederzulassen, und es der Praxis anvertrauen.

———

Keine abstrakte Einheit

Wie im Zen schon oft zum Ausdruck gebracht, gründet sich unsere Existenz sowohl auf Verschiedenheit und Wechselwirkung, als auch auf grundlegende, eingeborene Einheit – Ku, Leerheit.

Im westlichen Denken versucht man „die erste Ursache" zu finden, um sie bestimmen zu können, und so wird auch Einheit eine künstlich geschaffene Idee, die dann ein trennendes Element bleibt.

Es gibt aber nicht notwendigerweise eine erste Ursache, eine abstrakte Einheit, sondern von Anfang an sich bedingende Zwei.

Aus diesem Grunde brauchen wir nicht in die Vergangenheit zurückzugehen, um die Natur unserer Existenz zu bestimmen, denn sie ist immer potentiell enthalten im Jetzt.

Ein- und Ausatmung sind Verschiedenheit, Wechselwirkung und Leerheit. Jedes Auftauchen und Vergehen eines Gedankens, einer Empfindung ist so. Das ist die Dynamik, in der alles mit allem in Wechselwirkung steht und sich dementsprechend aus sich selbst heraus erschafft.

Einheit steht nicht gegen Zweiheit, sondern bedingt Zweiheit, ohne dass sie sich je als Einheit zeigen müsste. Zweiheit ist das alltägliche Gesicht der zugrunde liegenden Einheit, aber sie wandelt ihr Gesicht ohne Unterlass.

Deshalb besteht das Üben des Weges nicht darin, Einheit zu suchen, sondern mit dieser Wandlung vertraut zu werden. Aus diesem Grunde ist es möglich, eine tiefgründige Art von „Anhaften" zu haben und gleichzeitig innerlich frei zu sein.

Auf der Grundlage dieser Geisteshaltung kann man sagen „Ich bin" und sich, ohne zu zögern, vollständig einfügen in das Alltägliche und gleichzeitig in das, was über uns selbst hinaus geht, was jenseits unseres Willens ist.

———

Wintersonnenwende

Wir haben jetzt die Tage der Wintersonnenwende. Das ist eigentlich ein wesentliches Ereignis, aber wir sind mit anderen Dingen beschäftigt.

In der Sonnenwende geschieht eine Veränderung im Einfallswinkel der Sonnenstrahlen auf die Erdoberfläche, die sich aus der Umlaufbahn der Erde ergibt. In einer Jahreshälfte ist der Nordpol mehr der Sonne zugeneigt, in der anderen dem Südpol. Es ist so, als ob der Kosmos auf subtile Weise ein gewisses Gewicht von einer Schulter auf die andere verlagert, eine Kraft neu ausrichtet, ähnlich wie ein Körper, der zwei Schultern, zwei Arme und Hände benutzt, doch ein Körper bleibt.

Aber dass dieser eine Körper, diese eine Kraft zwei Schultern, oder zwei Hände hat, eine Achse und eine Ausrichtung, Einfluss ausübt und Einfluss ausgesetzt ist, ist auch ein wesentliches Merkmal unseres Lebens.

Manchmal müssen wir das Gewicht von einer Schulter auf die andere verlegen, oder von einem Bein auf das andere, doch es bleibt ein Körper, ein Leben. Wenn wir ein Gewicht zu weit nach außen auf eine Schulter verlagern, bringt es uns ins Wanken, aber wenn das Gewicht auf der richtigen Stelle liegt, gibt es selbst innerhalb von Gegensätzen, oder gerade durch die Gegenpole, eine ausgeglichene Bewegung.

Wenn unsere Hände sich vereinigen zu einer Handlung, wie z.B. dem Mudra des Zazen, werden die Gegensätze Leerheit. Wenn die Gegensätze Leerheit werden, ist das ganze Universum in Frieden.

Aber es liegt auch in der Natur der Hände, viele Dinge zu tun. Während unsere Hände ergreifen oder loslassen, sind sie trotzdem „ein Körper". Weil sie ein Körper sind, brauchen sie nichts für sich selbst, sondern erfüllen einfach die Funktion der Hände. In der Erfüllung dieser Funktion liegt der Sinn.
So, wenn wir unsere authentische Funktion finden, finden wir auch den Sinn.

———

Zwei Augen, ein Auge

Wir sehen die Welt durch zwei Augen. In unserem Gehirn werden die Eindrücke oder Impulse des Sehens zusammengesetzt zu bewegten Bildern, die wir „unsere Welt" nennen. Fast simultan dazu bildet sich das Bewusstsein des Sehens und des „ich sehe".
Vielleicht gibt es zwischen dem Sehen und dem Bewusstsein des Sehens eine kleine, minimale Verzögerung. Vielleicht ist diese kleine Verzögerung der Ursprung des „Ich", die Möglichkeit des Gegenübertretens, des „ich *und* die Welt"
Später sagen wir „ich sehe", „ich höre", aber eigentlich sind es die Augen, die sehen, und die Ohren, die hören.

Durch „zwei Augen" betrachtet, erscheinen die Begrenzungen und die immer weiterführende Aufsplitterung. Durch „ein Auge", das des Zazen-Samadhi, das der Einheit, offenbart sich die eigentliche Natur der Dinge.

Die Aufmerksamkeit der Buddhas und Patriarchen richtete sich deshalb nicht auf die Erscheinungsformen der Welt, sondern auf die Natur des Seins, und natürlich wussten sie auch, dass das „eine Auge" in den „zwei Augen" ist und die „zwei Augen" in „einem".

Aus diesem Grunde wurde übermittelt, den Geist nach innen zu richten, in sich selbst hinein, für eine Weile die Objekte der Sinnesorgane zu vergessen und nur zu sitzen.

Dieses „für eine Weile nur sitzen" ist ein grundlegender Teil unseres Tagesablaufes, der in die andere Zeit des Tages hineinwirkt und sie beleuchtet.

———

Bronzespiegel

Im alten China wurden Spiegel aus Bronze gegossen und dann poliert.

Eines Tages fragte ein Schüler seinen Meister: „Wohin ist das Licht des Spiegels gegangen, nachdem er umgegossen wurde in eine Statue?"

Der Meister antwortete: „Wenn du mir sagen kannst, wohin das Gesicht gegangen ist, das du gestern hattest, werde ich es dir sagen."

Daraufhin verharrte der Schüler schweigend und der Meister sagte: „Bitte bewahre dein Gesicht ‚des Jetzt' gut und beschütze es, und hafte nicht an der Form, die du im Spiegel siehst!"

Das wichtigste Satori unseres Lebens ist das Erwachen des Geistes zum Weg der Praxis, zu einer Praxis, die mit leeren Händen getan wird.

Wenn wir uns dann selbst als Zeit oder Handlung erfahren, können wir von Erwachen zu Erwachen gehen und ein Dharma-Tor nach dem anderen durchschreiten. Manchmal sind wir in Täuschung, dann gibt es wieder Erwachen. Aber das Grundlegende ist der Weg der Praxis, der tiefe Spiegel, der unser Leben trägt oder stützt.

Dieser Spiegel des Geistes bildet sich aus dem Nichts, und weil er sich aus dem Nichts bildet, kann er nicht zerbrechen.

Dann kommen wir von Zeit zu Zeit zusammen, schaffen eine Atmosphäre der intensiven Sammlung, und ohne dass die Hände etwas festhalten oder mitnehmen, strahlt dieser Geist oder dieses Herz aus in die Umgebung. Das ist einfach unser Weg.

Namenlos

Zazen ist nicht eine Übung, um die Gedanken in eine Ecke zu drängen, selbst wenn man sich das des Öfteren wünschen würde.

Zazen bedeutet, dass etwas, das nicht unser persönliches Bewusstsein ist, unsere Gedanken umfasst, sie auftauchen und gehen lässt. Die Bemühung in unserer Übung zielt nicht darauf ab, dieses „etwas" zu fassen zu kriegen, sondern wir vertrauen ihm unser Sein an.

Da es in unserem Weg aus gutem Grund kein Bild von Gott gibt, keine Vorstellung, keine Form, keine Gestalt, nennen ihn Leute von außerhalb manchmal „einen Glauben ohne Gott" oder „einen Weg ohne Gott".

Sie sagen so etwas in der stillschweigenden Voraussetzung, dass Gott bekannt ist, fast mit Namen und Adresse. Aber wenn wir wirklich nachforschen, sehen wir im Gegenteil, dass der Glaube der Menschen schnell erschüttert wird, weil es eben nicht so ist.

Je klarer dieser Punkt wird, umso irrsinniger ist es, sich über die Existenz Gottes zu streiten.

Sobald unser Hauptaugenmerk nicht mehr auf uns selbst liegt, sondern in das Ganze eintaucht, leben wir ein Leben aus der Mitte des einen Namenlosen heraus.

Es mag sein, dass wir am Ende unseres Lebens einfach dorthin zurückkehren, Name und Form vergessend.

―――――

Eine Richtung

Erst wenn unser Leben eine Richtung bekommt, wird es real.

„Richtung" ist eine Kraft, die das Jetzt verbindet mit dem, was noch nicht ist. Buddha-Weg ist im Wesentlichen diese Kraft der Richtung.

Dass unser Leben reell wird, wenn es eine Richtung bekommt, heißt nicht, dass es leichter wird. Es geht dabei um eine Angelegenheit des tiefsten Innersten, die jenseits der Idee von Glück oder Unglück ist.

„Leerheit" scheint das Irrealste zu sein, aber in der Übung des Weges erfahren wir, dass es eher umgekehrt ist.

Die meisten Menschen denken, dass ihr Leben real ist, aber das ist es nicht. Erst in der Verbindung mit dem Aspekt der Leerheit aller Dinge werden Form und Gestalt ganze Realität.

Zazen verbindet uns mit diesem grundlegenden Prinzip. Eben dadurch wird unser Leben real. Wenn unsere Haltung auf diese Weise unser Leben leitet, haben wir immer eine kraftvolle Mitte und einen vitalen Ausgangspunkt.

Wir können uns aber nicht in die „Hängematte" des Seins legen und die Einflüsse der Vergangenheit und Auswirkungen in der Zukunft ignorieren. Jedes Hier und Jetzt ist gleichzeitig Sein und Werden.

Shakyamunis großes Erwachen war weder eine negative noch eine speziell positive Einstellung zum Leben, sondern das Erwachen zu dieser tiefen Realität.

Der wahre Körper des Menschen

Ein alter Meister sagte: „Leben und Tod sind der wahre Körper des Menschen."[26]

Einatmung und Ausatmung, das unablässige Werden und Vergehen sind der eigentliche Körper des Menschen. Auch die Zeit, die Dynamik des Augenblicks sind dieser Körper.
Alles ist, wird und vergeht aufgrund dieser Dynamik. Deshalb atmet das ganze Universum in jeder Existenz, in jedem Ding.

Der „wahre Körper" ist das vollständige Eingefügtsein in das ungreifbare Geschehen des Augenblicks.
Das Erwachen zum wahren Körper des Menschen geschieht durch den vergänglichen, materiellen Leib, der bereits Teil dieses wahren Körpers ist. Seine lebendige Wandlung bestätigt dies.

Zazen bedeutet, direkt in diese Wirklichkeit einzutreten. Der Schmerz oder die Schwierigkeit, die dabei manchmal auftauchen, sind selbst indirekte Wirkung dieser Dynamik und helfen uns, den Geist vollständig auf den Punkt des ungreifbaren Jetzt hinzuwenden.

---

[26] Dogen Zenji: Shinjin Gakudo

An den innersten, dicht gefalteten Kern des Karma kommt man nur schwer oder fast gar nicht heran. Er ist wie eine fest geschlossene Knospe der Vergänglichkeit.

In fortgeführter, absichtsloser Zazen-Übung kann sich diese Knospe öffnen, atmen und vergehen. So kann der aufrichtige Geist des Zazen das verborgene Karma lösen.

Augenblick für Augenblick wird unsere Existenz zusammen mit allen Existenzen neu geboren und vergeht. In einem Geist, der zum Weg erwacht, leben alle Existenzen weiter.

———

Sich verneigen

Da die Natur der Dinge und die Natur der Existenz kein Maß haben, wollen sie nicht „geglaubt" werden, sondern „gelebt", und indem wir sie leben, erscheint der Glaube.

Aus diesem Grunde hat das Sich-Verneigen vor Buddha, Dharma, Sangha, eine tiefe Bedeutung.

Eigentlich ist es der Glaube des Geistes, der sich verneigt innerhalb seiner wahren Natur. Man könnte sogar sagen, dass es die Natur dieses Geistes oder dieses Glaubens ist, sich zu verneigen.

Es ist wesentlich, dass wir von Zeit zu Zeit unseren Stolz aufgeben und mit der Stirn zur Erde zurückkommen, dass wir, angesichts der Absolutheit der Vergänglichkeit, die Bedeutungslosigkeit des Ego durch den ganzen Körper anerkennen.

Genau in diesem Moment erwacht die Simultanheit aller Existenzen in uns und die Zeit, die Ausdehnung und Kraft des Augenblicks.

Indem wir uns mit ganzem Herzen verneigen, legen wir unseren Körper und Geist in die Hände dieses Geschehens.

Mond mitten im Herbst

Der Abendmond mitten im Herbst erscheint groß und rund, manchmal von beinahe goldenem Glanz. Zu manchen Zeiten ist er klar, zu anderen Zeiten verschleiert. Manchmal ist seine leuchtende Klarheit zu einem Teil verdeckt von vorbeiziehenden Wolkenbänken, durch die seine Form und sein Glanz noch stärker hervorgehoben werden.
Die Luft an diesen Herbstabenden ist noch mild und doch deutet sich Kälte an. Gesättigte Düfte lassen vergessene Erinnerungen wiederaufleben. Nebel steigen auf aus den Landschaften und umarmen Felder und Wald. Das Laub verfärbt sich langsam, fast unmerklich, und beginnt leise zu fallen.
Die Dinge vergehen.
Der große goldene Herbstmond scheint nahe und ist doch fern. Sein ruhiges Licht gibt den Dingen Gestalt und Kontur und begleitet die stille Verwandlung aller Formen.

Darin sind wir nichts und besitzen nichts. Nur der Mond mitten im Herbst steht gelassen am Himmel.

Die Wirklichkeit des „leeren Selbst"
Vortrag in der Gendronnière Juni 2007

In unserem Weg können wir nicht Befreiung und Nirvana zu unserem Objekt machen, sie anstreben. Aber das bedeutet natürlich nicht, dass Befreiung, Nirvana, Erwachen nicht existieren. Sie existieren bereits in der Tiefe des Geistes.
Deswegen können wir sie vergessen, uns selbst vergessen, „leeres Selbst" werden und uns einfach in die Praxis des gegenwärtigen Momentes hineingeben.
Indem wir uns Tag für Tag der Übung widmen, wird etwas, das wir nicht bestimmen können, tief verinnerlicht. Wir wissen nicht genau, was es ist, und es ist auch nicht notwendig, es so genau zu wissen. Es reicht aus, das „leere Feld zu bestellen". Mit anderen Worten: das „leere Selbst" zu kultivieren.

„Leeres Selbst" meint ruhiger und stabiler Geist, Bewusstsein, das an keinem Objekt haftet und einfach im natürlichen Fluss des Daseins ruht, d.h. in der reinen, in alle Richtungen offenen Situation des Potentials. Diese Situation des Potentials ist unsere natürliche Quelle, das reine Wasser an sich.

Kein Augenblick unseres Lebens wartet auf den nächsten. Wir können nicht in die Zeit vor diesem Atemzug zurückgehen, und wir können nicht in die Zeit des nächsten Atemzuges vorauseilen.
Das Zurückkommen in diesen Atemzug jetzt lässt unerwartet eine Ahnung der „Weite" des eigentlichen Lebens in uns anklingen. In einem Moment des innersten Alleinseins des Geistes tauchen zeitlos die erhabene Form und die schweigende Stimme der Berge und Flüsse auf und bezeugen die ehrfurchtgebietende, in ihrem Wesen unergründliche Wirklichkeit.

Dieses Sutra der Berge und Flüsse strömt seit anfangloser Zeit in der Tiefe des Geistes. Es hat einen alten Klang, ist aber niemals verbraucht oder verstaubt.

Die Stille des Dojo, die intensive Stille des Zazen, ist mit dieser Wirklichkeit wesensverwandt, als ob diese tief eingeprägt wäre in Körper und Geist des Menschen. Jetzt und hier, zum Leben erweckt durch die Haltung des Zazen, erfahren und erlebt im innersten Alleinsein des Geistes, gibt sie dem Dasein eine Würde, die sich der Mensch selbst nicht aneignen kann. Diese Würde, die wir erhalten als ein Geschenk des Universums, wird immer neu verkörpert durch die zeitlose Haltung des Buddha, aktualisiert in unserer täglichen Praxis.

Der Versuch, diese Würde, diese Wirklichkeit auszudrücken durch die Sprache, das Bewusstsein, bringt uns schnell an eine Grenze. Es bleibt uns nichts anderes übrig als anzuerkennen, dass unser Vorstellungsvermögen zu klein und unzureichend ist. Dennoch ist es notwendig, diese Wirklichkeit zu bezeugen.

Es reicht aus, dass Geist und Moment in Übereinstimmung sind, damit sich das lebendige Ereignis Augenblick für Augenblick zum Ausdruck bringen kann. Auf diese Weise verwirklicht sich in uns der wahre Körper des Menschen – *Shinjitsunintai*, der Körper der Stille, der Körper des ursprünglichen Gesetzes, der Körper der Gegenwart.

Wenn ein Mensch sich vollständig in die Haltung des Zazen begibt, Körper und persönliches Bewusstsein aufgegeben, unbewusst natürlich „leeres Selbst" realisierend, kann man sagen, dass der alte Buddha, der seit anfangloser Zeit in Zazen sitzt, zum Leben erwacht. Und darüber hinaus, wie Dogen Zenji es ausdrückt im *Bendowa*, „nimmt die ganze Dharma-Welt diese Haltung ein und der unendliche Raum kommt zum Erwachen."

Es ist das unergründliche Wirken des ursprünglichen Gesetzes, des Dharma, das sich ohne Unterlass in unserem alltäglichen Leben und als unser tagtägliches Leben manifestiert. Einerseits als diese komplexe, ineinander verflochtene, sich bedingende Welt der Gegensätze und Polaritäten, und andererseits als Welt des So-Seins.

Wir müssen uns der Herausforderung, die in dieser Beschaffenheit der Wirklichkeit liegt, stellen. Sie ist unsere allerinnerste Frage.

Was ist, nach all unseren verschiedenen Lebenserfahrungen, letztendlich unsere Existenz, unser Dasein?

Diese existentielle Frage war in den Menschen des Weges der Vergangenheit brennend lebendig. Auch heute, aus dem Innersten heraus gestellt, durchstößt sie schnell die Kulissen der modernen, oft oberflächlichen und materialistischen Welt.

Man könnte sagen, dass sie als Keim im Dasein selbst liegt und zum Licht drängt, wenn der Impuls stark ist und die Umstände und Bedingungen angemessen sind. Der scharfe Wind der Vergänglichkeit weckt sie auf, manchmal, indem er nur die Haut streift, manchmal, indem er bis ins Mark schneidet.

Eines Tages kam der Mönch Yoka Daishi in eine Versammlung des sechsten Patriarchen Daikan Eno und blieb, ohne die traditionellen Höflichkeitsformen zu beachten, direkt vor ihm stehen. Daikan Eno sagte zu Yoka Daishi: „Du scheinst ja sehr in Eile zu sein".

Dieser entgegnete: „Die Frage, das Problem von Leben und Tod, wiegt schwer in mir. Ich habe keine Zeit zu verlieren."

Daraufhin sagte Daikan Eno zu ihm: „Wenn das so ist, warum trittst du dann nicht unmittelbar ein in das Ungeborene?"
Yoka Daishi war durch diese Antwort bis ins Mark getroffen. Noch heute spürt man die vitale Überraschung, den elektrisierenden Schock, den Yoka Daishi in der geschilderten Situation empfunden haben muss.
Auf ähnliche Weise geschieht es, dass in einer bestimmten Situation, ausgelöst durch ein Wort oder eine Geste, all unsere Vorstellungen und Ideen abfallen oder tief erschüttert werden.
Diese Erfahrung konnten viele Menschen machen, in der intensiven Atmosphäre des Dojo, wenn Deshimaru Roshi anwesend war und den Geist berührte auf seine direkte, authentische und unnachahmliche Art und Weise. Solche natürliche Situation der inneren Erschütterung oder der vollständigen Infragestellung ist essentiell, und lässt einen Geist aufleuchten, der für sich selbst spricht. Wie ein großer Spiegel zeigt er die Verzerrungen des Bewusstseins auf und öffnet den Geist in einen neuen Raum oder Zusammenhang hinein.

Der Weg und das immerfrische Koan unserer Existenz sind auf solche Weise eine wirkende Kraft. In der Zeit, in der das innere Koan, die existentielle Frage in uns gereift ist und uns ganz durchdringt, wird sie, unbewusst natürlich, Intensität, Sammlung des Geistes. Der Traum der Welt der Illusion kann in einem Augenblick durchbrochen werden, und der Geist kann direkt ins Reich der Leerheit durchdringen.
Ganze Gegenwart, Zazen, „Leeres Selbst", sind eine untrennbare Wirklichkeit.

Die große Freiheit des „leeren Selbst" besteht darin, jede Form annehmen zu können, ohne Angst, seine wahre Natur zu verlieren, welche ursprünglich ohne Eigensubstanz ist.

Die gewöhnliche Welt nicht fliehend, kann man sich weit in reines, einfaches Dasein hinein öffnen, mit der Gewissheit, dass der Weg unmittelbar unter den Füßen liegt.

Am „Ende einer Fahnenstange" angekommen, sich selbst vollkommen zur Disposition stellend, sich selbst vergessend, scheint es eine über uns selbst hinausgehende Macht zu sein, die uns hilft, einen Schritt weiter zu tun. In solchen Momenten treffen wir auf die natürliche Magie des Lebens, auf eine in uns verborgen wirkende Kraft.

Solcher Klang, den man auch als die Macht Kanzeons empfinden kann, bringt uns zurück in eine fast vergessene Heimat, die immer eingeboren in uns ist. Darin schwingt eine Ahnung der unergründlichen „Weite der Wahrheit" mit, als auch der unermesslichen Dimension der Verblendung.

Diese innere Umwandlung, dieses Erwachen, ist zeitlos gültig, weder modern noch alt.

Gleichgültig, ob sie sich langsam oder plötzlich in der Tiefe des Geistes vollzieht, gibt sie dem Leben neuen Elan, wie ein elektrischer Impuls. Sie lässt etwas in uns erwachen, das sich jeglichen Kategorien entzieht, das unabhängig ist von unseren Fähigkeiten, unserem Wissen oder unserem Ehrgeiz. Etwas das, wie ein unsichtbarer Stern, dem Geist Kurs, Gerichtetheit gibt.

Gleichzeitig ist es wie ein Zurückkommen nach Hause.

Die lebendige Form des Buddha erwartet uns, und indem wir sie praktizieren, beginnt sie unsere Hände und Füße zu führen, unsere Augen und Ohren zu benutzen. Diese lebendige Form wurde bis zu uns übermittelt, wie auch die Geisteshaltung, die diese Form lebendig macht. Es liegt an uns, das Vertrauen und den Glauben zu finden, sich der Wirkkraft dieser Form zu überlassen.

Wenn der Geist des Meisters und des Schülers sich an diesem Punkt berühren, entsteht eine Verbindung, die nicht durch den Tod beendet wird, die darüber hinausgeht. Es ist die ununterbrochene Linie der Buddhas und Patriarchen in uns, die wir würdigen und bestätigen, indem wir uns treffen, um gemeinsam zu praktizieren.

Die ganzherzige innere Haltung, mit der die Form ausgeübt wird, berührt, erschafft den Geist, der keinen festen Ort hat, nirgendwo stagniert. Diesen Geist können wir nicht kennen oder besitzen. Wir sehen ihn nie vor unseren Augen, obwohl er uns von allen Seiten bis ins Grenzenlose umgibt. Selbst wenn wir nichts besitzen, liegt hier unser Schatz oder wahres Potential.

Obwohl es wahr ist, dass das Ego keine Eigensubstanz hat, hat doch jeder ein Gefühl von sich selbst. Vollständig in die Haltung, den Geist und die Form der Praxis einzudringen bedeutet, nicht mehr auf ein gewohntes Bild von sich selbst fixiert zu sein, sondern die ganze Bandbreite, den ganzen Hintergrund auftauchen zu lassen, und in diesem unermesslichen Raum ohne Unterlass Tod und Geburt des Ego zu erfahren.

Muga, „leeres Selbst" ist der unendliche, unergründliche Hintergrund.
Wahres Selbst kann letztendlich nur durch „Nicht-Ich", Muga, verwirklicht werden.
Indem wir das „nicht besitzen", „nicht kennen" akzeptieren und uns so der lebendigen Form der Praxis zuwenden, können wir vorangehen, Schritt für Schritt, wie ein Mensch, der in tiefer Dunkelheit doch sicher ist über seinen Weg. Es reicht ihm aus, wie Kodo Sawaki sagte, gerade den Bereich vor seinen Füßen zu erhellen.

Der Mensch, der Geist, der so voranschreitet, leuchtet nicht auf-fällig, sondern strahlt unbewusst, natürlich, ein ruhiges Licht aus, Mokusho.

Er besitzt die Weisheit des Zurückkommens zur Wirklichkeit des Jetzt, die ihn trägt.

Dogen Zenji drückt es im *Shobogenzo Kaiinzanmai* wunderbar aus:

„Das leere Boot, nur beladen mit dem Licht des Mondes, kehrt zurück zur Wirklichkeit des Jetzt."

Das Zurückkommen zum Jetzt ist die überschreitende, zeitlose Aktivität des „leeren Selbst", Augenblick für Augenblick ver-wirklicht.

Seine vitale Kraft liegt in seiner zeitlosen Natur. Es ist das Beständige im Vergehenden und das Nichtergreifbare in der konkreten Form.

Jenseits der Idee von Größe oder Kleinheit aktualisiert es sich als lebendig wirkende Gegenwart und geht unmittelbar über alle Vorstellungen von Buddha oder gewöhnlichen Wesen hinaus.

Das „leere Selbst" ist nicht nur ein Gefäß. Es ist auch wie das Tor im offenen Himmel, durch den der Fluss des Seins zum Pol des Nichtseins fließt, sich wandelt und zum Pol des Seins zurückströmt, wie Einatmung und Ausatmung. Es ist wirkende Kraft, die in nahtloser Verbindung steht mit der Umgebung und sich in ihr widerspiegelt. In sich selbst ruhend, aus sich selbst schöpfend, kann sie jede Erscheinungsform werden.

Da zeigt sich Dokan, der Ring des Weges, als die natürliche Art und Weise zu leben.

Ohne Anfang oder Ende ist jeder Schritt Verwirklichung in sich selbst, von Moment zu Moment, und die dynamische Kraft, die den nächsten Schritt trägt.

Daikan Eno sagte zu Yoka Daishi: „Warum trittst du nicht unmittelbar ein in das Ungeborene?"

Ist das Ungeborene etwas, das existiert, und ist es möglich, das Ungeborene jemals zu verlassen? Was wir jetzt Dasein nennen, trägt unausweichlich Nichtsein in sich, wie *Shiki soku ze ku*. Aber letztendlich kann unser Bewusstsein weder das eine noch das andere von außen betrachten.

In diesem Sinne sind sowohl Dasein als auch Nichtsein von absoluter Natur und verbleiben in ihrem Wesen „ungeboren, unzerstörbar".

Das betrifft letztendlich jeden Aspekt, jedes Phänomen unserer Existenz. Alles ist leer von Eigensubstanz. Das „leere Selbst", welches nicht einmal mehr sich selbst besitzt, ist ungeboren.

Dogen Zenji zitiert im *Shobogenzo Kaiinzanmai* Shakyamuni Buddha mit den Worten:

„Diese Welt besteht nur aus unzähligen Daseinselementen. Wenn sie entstehen, entstehen nur diese Daseinselemente, wenn sie vergehen, vergehen nur diese Daseinselemente. Wenn sie entstehen, sagen wir nicht, dass ein Ich entsteht, und wenn sie vergehen, sagen wir nicht, dass ein Ich vergeht.

Es gibt den vorherigen Augenblick und den nachfolgenden Augenblick, aber jeder Augenblick existiert unabhängig vom nachfolgenden Augenblick, und kein Augenblick wartet darauf, dem nächsten zu begegnen.

Es gibt die vorherigen Daseinselemente und die nachfolgenden Elemente, aber keines dieser Daseinselemente ist mit dem anderen verbunden. Dies zu erfahren nennen wir den Samadhi des Ozeans der Wirklichkeit."

Die Augenblicke des Lebens warten nicht aufeinander, jeder von uns macht diese Erfahrung. Vergehen und Werden vollziehen sich auf unsichtbare, subtile, und gleichzeitig auf absolute Weise. Am Ende bleibt uns keine andere Möglichkeit, als das „leere Selbst" dieses gegenwärtigen Momentes zu sein. Es ist das „leere Selbst", das immer das ganze Potential der Möglichkeiten enthält als auch Vergangenheit und Zukunft in sich trägt.

Indem wir leer werden von unserer Selbstverzerrung, werden wir unmittelbar ausgefüllt durch die Kraft der Gegenwart des Ganzen.

Gestützt auf das Vertrauen in die Wirklichkeit des „leeren Selbst", sind wir auf tiefere, reifere Art und Weise bereit, Zuflucht zu nehmen zu den drei Schätzen – Buddha, Dharma, Sangha.

Sie mögen in ihrem Wesen nichts anderes sein als die Form des „leeren Selbst", und das „leere Selbst" mag nichts anderes sein als die Natur der drei Schätze.

Das Zufluchtnehmen an sich ist so ein Weg der Befreiung oder Erlösung. Eine neue Geburt.

Auf dieser Grundlage können das Sitzen, das Tragen des Kesa und die Handlungen des täglichen Lebens ein Spiel des großzügigen Geistes sein.

Normalerweise versuchen wir die Dinge in Besitz zu nehmen. Aber wenn es nichts in Besitz zu nehmen gibt, was ist dann die Motivation, der Antrieb der Praxis?

In unserem ursprünglichen, starken Impuls der Berührtheit und Überzeugung, wie im Anfängergeist, machen wir eine große Anstrengung und haben dann das Gefühl, einen Zipfel der Wahrheit erfasst zu haben. Aber dann verlieren wir sie wieder aus den Augen und versuchen es von neuem, mit erneuter Anstrengung. Nochmals und nochmals machen wir eine Anstrengung, bis wir überhaupt nichts mehr verstehen und völlig „enttäuscht" sind.

In dem Moment des Nicht-mehr-Erreichenwollens offenbart sich unser eigener Weg und bringt aus sich selbst Motivation hervor.

Es ist ein Weg, in dem wir immer dieses gewöhnliche Ich als Ausgangspunkt haben, so wie es ist, um es in die gegenwärtige Handlung hineinzugeben, ohne es zu manipulieren, zu verstellen oder zu zerstören – in natürlicher Würde.
Dieses gewöhnliche Ich und das „leere Selbst" verbindet eine innige Wechselseitigkeit von Illusion und Erwachen.
Im Moment des Gebens oder „sich Zurückgebens" an dieses Universum, an die große Natur, an unsere Umgebung, erfüllen wir unsere Bestimmung auf eine tiefgründige Weise.
Es gibt darin auch den Aspekt des *Sangemon*, des Tores der Reue, verstanden als ein sich von neuem in Einklang bringen mit dem kosmischen Gesetz, der natürlichen Energie der Wechselwirkung.

An diesem Punkt bekommen die Bodhisattva-Gelübde eine neue Qualität, die einer tragenden und leitenden Kraft.
Wir können ihnen verschiedenste Formen geben wie z.B. das innere Versprechen, die Lebensenergie ganz dem Zazen zu widmen, oder aber ein Fahrzeug zu sein, eine Brücke für die anderen etc. Es eröffnen sich viele Möglichkeiten.

Manchmal fühlt man sich sehr stark, aber wenn einen die Kräfte verlassen und man allein zu Hause sitzt, jammert man darüber, allein auf der Welt zu sein. Eine banale Situation. In dem Maße, indem wir uns der Kraft der Gelübde anvertrauen, erhalten wir eine ganz andere Festigkeit in der Welt.
In Zazen sitzend, kann jeder von uns, als Schwingung in der Tiefe des Geistes, wie auch in Muskeln, Sehnen, Knochen und Mark, das Leiden der Welt spüren. Im ruhigen Sich-Einlassen auf diesen Schmerz, in der Haltung des Buddha, geschieht eine

Loslösung, ein inneres Einverstandensein mit diesem Leiden und eine Ahnung, ein inneres Vertrauen, dass das anfanglose schwere Karma gelöst, verwandelt werden kann, jenseits von uns selbst, durch die Stille der Berge.

Ich glaube, unser „Sitzen" gelangt dann zur Blüte, wenn die großen Gelübde ihre ganze Kraft entfalten und uns selbst übersteigen. Der alte Spiegel am Grunde des Geistes lässt dann die Schatten der Kiefer wirklich deutlich werden und die wahre Natur der Verblendung erkennen.

Solches Erwachen beinhaltet die Einsicht in die Unmöglichkeit, durch unsere persönlichen Fähigkeiten die Verblendung abzuschneiden oder abschneiden zu müssen. Es lässt uns zurück in der Demut, unsere Verblendung anzuerkennen, und eröffnet uns gleichzeitig die Chance, als eben diese verblendete Person Körper und Geist in den Weg zu geben.

In einer alten Geschichte über Upagupta (Ubakikuta Daiosho), wird auf berührende Art die Ausstrahlung der selbstvergessenen, unergründlichen Wirkkraft des Weges übermittelt, die ein wesentliches Merkmal unserer Schule ist:

„Vor langer Zeit lebten auf einer der drei Seiten des Urumanda-Berges fünfhundert Heilige, auf der zweiten Seite fünfhundert Asketen und auf der dritten Seite fünfhundert Affen. Unter den Affen gab es einen Hauptaffen, der immer zu den Heiligen ging. Er war sehr erfreut sie zu sehen und pflückte Früchte und Blumen von den Bäumen, um sie ihnen darzubringen.

Diese Heiligen saßen im Lotussitz und der Affe verneigte sich vor jedem von ihnen, vor jedem Einzelnen.

Nachdem er ihnen seine Verehrung dargeboten hatte, setzte er sich in die letzte Reihe der Heiligen, auf den letzten Platz, und richtete auch seinen Körper in der Haltung auf, streckte die Wirbelsäule, den Nacken, und formte mit den Händen das Zazen-Mudra. So machte er es jeden Tag.

Schließlich gingen alle Heiligen in das Nirvana ein, aber der Affe merkte es nicht und brachte ihnen weiter seine Gaben dar, jeden Tag, und setzte sich dann ans Ende in die letzte Reihe auf den letzten Platz. Als er aber sah, dass die Heiligen seine Gaben nicht mehr annahmen, begann er an ihren Kleidern zu zerren und zog an ihren Füßen, aber die Heiligen bewegten sich nicht. Da verstand der Affe, dass sie alle tot waren.

Er weinte bitterlich, und nach einiger Zeit ging er zu den Asketen. Die fünfhundert Asketen lagen auf Dornen und Disteln und der Affe, sie nachahmend, legte sich auch auf Dornen und Disteln. Er imitierte sie auch, indem er sich in heiße Asche und auf die kalte Erde legte. Er machte alle ihre Kasteiungen nach. Aber als sie einmal weggegangen waren, löschte der Affe die Feuer mit Wasser, schaffte die Asche weg, sammelte alle Dornen und Disteln ein und warf sie weit fort.

Daraufhin ergriffen die Asketen die Äste der Bäume und verbrachten so, an Armen und Beinen hängend, lange Zeit in der Luft schwebend. Aber schließlich löste der Affe ihre verkrampften Hände und Füße, so dass sie auf den Boden fielen, und er begann den Asketen die vier würdevollen Haltungen des Gehens, Stehens, Sitzens und Liegens vorzumachen.

Zum Schluss setzte er sich vor sie hin, in der aufrechten Haltung des Zazen, übte Samadhi und gab ihnen zu verstehen: „Jeder von euch sollte so sitzen."

Ab diesem Zeitpunkt setzten sich die fünfhundert Asketen regelmäßig mit ihm in Zazen, und obwohl sie keinen Lehrer hatten, der ihnen die wörtliche Lehre predigen konnte, erreichten sie alle den Weg.

Als sie dies verwirklicht hatten, dachten sie bei sich: „Wir verdanken es diesem Affen, dass wir den großen, heiligen Weg erreicht haben", und so brachten sie dem Affen Weihrauch, Blumen, Essen und Trinken dar. Und als das Leben des Affen zu Ende ging, verbrannten sie seinen Körper mit wohlriechendem Holz.

Der Affe, der selbst auf einem leidvollen Weg so viel Gutes tat für die Menschen, wurde in einem späteren Leben der Patriarch Upagupta, Abt des Klosters Urumanda, in dem viele Menschen den Weg verwirklichten – wie Shakyamuni Buddha es prophezeit hatte."

Der Geist des Samadhi, als Hintergrund des Studiums und der Begegnung, ist bis heute in der Atmosphäre des wahren Sesshin lebendig. Die unmittelbare, elektrisierende Atmosphäre der Sammlung des Geistes befreit das Studium vom Begreifenmüssen und hebt es auf eine Ebene der Begegnung mit sich selbst, des Sich-selbst-Findens. Körper und Geist wirken zusammen und erschaffen ein neues Selbst, eine neue Gegenwart.

Obwohl im Sesshin die Bewegung des Körpers durch die Form aufs Äußerste eingeschränkt ist, eröffnet sich ein Raum der Freiheit.

Indem wir unsere Selbsttäuschung fallen lassen, befreit sich der Augenblick in uns selbst und eröffnet uns seinen weiten Raum.

Die Freiheit, sich in Einschränkung zu begeben, erweitert das Feld der Freiheit immer weiter. So wie der Vogel, der sich in das Fliegen „einschränkt", keine Grenze des Himmels findet.

Die Freiheit des „leeren Selbst" und seine Reichweite liegen letztendlich in der Präsenz des Geistes, im vitalen „Gedanken", vom Denker befreit und durch den ganzen Körper „gedacht", und in der Gegenwärtigkeit der Handlung, die aus dem leeren Himmel kommt. Daraus geht die Fähigkeit hervor, unser Leben ganz in die Hand zu nehmen, darin liegt Gestaltungskraft.

Im *Denkoroku*, Kapitel *Mishaka*, sagt Keizan Zenji Folgendes:
„Wenn dich jemand ruft, antwortest du unmittelbar, und wenn jemand mit dem Finger auf etwas zeigt, drehst du unmittelbar

den Kopf und schaust in die angedeutete Richtung. Diese einfache, alltägliche Handlung erwacht zum Leben weder durch unterscheidende Bewertung, noch durch bewusste Anstrengung. Es ist einfach die natürliche Aktivität des ursprünglichen Selbst. Dieses ursprüngliche Selbst hat weder Gesicht noch Körpermerkmale, doch seine Aktivität ruht nie. (…)

Es ist wie ein unsichtbarer Edelstein, von dem man nur das Licht wahrnimmt, das er abstrahlt, oder wie das Echo eines Klanges, dessen Quelle man nicht ausmachen kann.

Von der Geburt bis zum Tod fehlt diesem Selbst nichts und es hat nichts Überflüssiges.

Auf diese Weise hat deine Geburt keinen Anfang, obwohl du jetzt geboren bist, und wenn du stirbst, hinterlässt dein Tod keine Spuren.

Es ist wie die Wogen, die aus dem Ozean aufsteigen und wieder in ihn zurücksinken, keine Spuren hinterlassend.

Obwohl die Wogen verschwinden, gehen sie zu keinem besonderen Ort. Weil der Ozean ist, was er ist, erscheinen Wellen und verschwinden wieder, entsprechend Ursachen und Bedingungen."

In den Ozean zurückkehren bedeutet in die Quelle zurückkehren, oder zur Quelle. Unser Geist, unser Bewusstsein, Zeit, Raum, Bewegung und Handlung sind innig ineinander verwoben, und haben den gleichen, unergreifbaren Ursprung.

Deshalb bedeutet „zur Quelle zurückkehren": zur Quelle von allem zurückkehren.

Zur Quelle des Bewusstseins, zur Quelle der Zeit, zur Quelle der Bewegung, des Raumes, zur Quelle von Form, Farbe, Klang, Geschmack, Denken, Körper.

Diese Quelle ist hier und jetzt, in der Mitte der gegenwärtigen Zeit, nicht irgendwo in der Vergangenheit, irgendwo weit weg.

Körper und Geist, Bewusstsein, Raum und Bewegung sind auch von Natur aus Zeit.

Wenn dieser Körper, dieses Bewusstsein ganz ruhig werden in Zazen, wird die Zeit null, Nichts. An diesem Punkt, wo die Zeit zu Ende ist, wird die gegenwärtige Zeit grenzenlos und ist verbunden mit der Ewigkeit.

An dem Punkt, wo „Ich, Ich, Ich" ganz und gar zu Ende ist, taucht erfülltes Wirken auf, „leeres Selbst".

Daichi Zenji brachte es so zum Ausdruck:

„Wenn du dein wahres Selbst findest, dann zeige es mir bitte – wenn du es nicht findest, dann behüte und beschütze es weiterhin gut. Und vergiss dasjenige, das du gewöhnlich deiner Umgebung zeigst."

Glossar

Abhängiges Entstehen (Skt. pratîtya samutpâda): Auch „wechsel-seitig voneinander abhängiges Entstehen" oder „zwölffache Kette der Verursachung" bzw. „zwölf Glieder des abhängigen Entste-hens" genannt. Es beschreibt den Vorgang des Werdens und Bestehens in der gewöhnlichen Welt.

Achtfacher Pfad: Acht Haltungen, die auf dem Weg zum Nirvana bzw. zur Erleuchtung geübt werden. Sie beinhalten rechte Sicht, rechtes Denken, rechte Rede, rechtes Handeln, rechten Lebenserwerb, rechtes Bemühen, rechte Achtsamkeit und rechte Sammlung. Der Edle Achtfache Pfad ist die vierte der Vier Edlen Wahrheiten, die der Buddha gelehrt hat.

Âlaya (Skt.): „Bewusstseinsreservoir", das Unbewusste, das alle Möglichkeiten enthält und empfängt und das Bewusstsein nährt.

Arhat (Skt.): Wörtlich „ein Edler"; ein Jünger des Buddha, der sein persönliches Begehren und seine Schwierigkeiten über-wunden hat. In den ältesten vorhandenen Schriften wird der Buddha „Arhat" genannt.

Avalokitesvara Bodhisattva (Skt.), **Kanzeon** (Jap.): Bodhi-sattva, dessen Name bedeutet: „der die Klänge der Welt empfindet" – eine Verkörperung von Mitgefühl.

Bendôwa: Erstes Kapitel aus Dôgens Shôbôgenzô, Abhandlung über die Wichtigkeit des Zazen.

Bodhidharma: Geboren im 6. Jahrhundert in Ceylon. Fuhr auf dem Seeweg nach China (Kanton). Begründer und erster Patriarch des Zen in China. Er übte neun Jahre lang Zazen in den Bergen.

Bonnô: Illusion, Täuschung.

Buddha (Skt.): „Der Erweckte", „der Erleuchtete". Bezeich-nung des historischen Buddha Shâkyamuni, der vor ca. 2500 Jahren lebte, und auch all jener, die die höchste Wahrheit, die wahre Freiheit erreicht haben. Eine Ehrenbezeichnung, die sich aus *budh* „erwachen" ableitet.

Buddha-Dharma: Die Lehren des Buddha, auch Soheit der Dinge.

Buddha-Natur, Buddha-Wesen: Ursprüngliches Wesen; das universelle Wesen. Die Soheit der Erscheinungsformen.

Busshô Kapila: Sutra der Mahlzeiten.

Cosmic Order: Universelle Kraft, Gesetz.

Dharma (Skt.): Dieser Begriff bezieht sich sowohl auf die Lehren des Buddha, das Gesetz oder die Wahrheit, als auch auf die Phänomene oder die Welt der Erscheinungen.
Die Gesamtheit aller (Entwicklungs-) Prozesse, die das kosmische Leben lenken. Die entdeckten und noch zu entdeckenden Gesetze des Universums. Bedeutet meist die Lehre Buddhas, aber auch alles Dasein, alle Wahrheiten, die kosmische Wahrheit.

Dhyâna (Skt.): Meditation, Konzentration, Stabilität, Festigkeit des Geistes. Im Chinesischen wird der Begriff mit *Ch'an,* im japanischen mit *Zen* übersetzt.

Diamant-Sutra: Eine der berühmtesten Schriften des Mahâyâna Buddhismus, die im vierten Jahrhundert verfasst wurde.

Dô: Der Weg, die höchste Wahrheit.

Dôgen Zenji (1200 – 1253): Der Begründer des Sôtô-Zen in Japan. Er ging 1223 nach China, wo er vier Jahre bei Meister Nyôjô lernte. 1227 kam er nach Japan zurück und gründete 1244 den Tempel Eiheiji.

Dôjô: Der Ort wo man den Weg (z.B. Zazen) übt.

Einsgerichtetheit: Der Zustand gezielter Gegenwärtigkeit im Augenblick; die Fähigkeit, die Aufmerksamkeit ohne Ablenkung auf die anliegenden Aufgaben auszurichten.

Eka (487 – 593): Zweiter Patriarch. Im Jahre 520 suchte er Bodhidharma auf. Um ihm seine Ernsthaftigkeit zu beweisen, schnitt er sich der Überlieferung gemäß den linken Arm ab.

Enô (638 – 713): Chin. Hui-neng, 6. Patriarch, hat als erster den Zen-Weg in China wirklich verbreitet. Unter seinen 40 Schülern waren auch Nangaku uns Seigen.

Fuse: Gabe, Geschenk ohne persönliches Ziel, das nicht nur materieller, sondern auch geistiger Natur ist.

Gasshô (Jap.): Das Aneinanderlegen der Hände mit waagerechten Armen. Diese Handlung setzt keinen bestimmten Glauben voraus, sie ist Ausdruck des Respekts und das Symbol für die Einheit von Geist und Existenz.

Genjôkôan: Ein Kapitel aus Dôgens Shôbôgenzô.

Genmai: Traditionelle Reissuppe.

Hannya Shingyô: *Maka hannya haramita shingyô; Mahâprajnâ parâmitâ hridaya Sûtra.* „Herz der vollkommenen Weisheit". Essenz einer über 600 Bücher umfassenden Sutrensammlung, Kerntext des gesamten Mahâyâna-Buddhismus.

Hara (Jap.): Ein zentraler Punkt im Unterleib. *Hara* bezeichnet den Schwerpunkt und die Quelle der Lebensenergie, des *Ki*.

I Shin den Shin: „Von meinem Herz-Geist zu deinem Herz-Geist."

Jôshû (778 – 897): bedeutender chinesischer Zen-Meister, respektvoll von Dôgen Zenji als „Jôshû der alte Buddha" bezeichnet. Dharma-Nachfolger von Meister Nansen.

Jijuyû Samâdhi: Das aus sich selbst schöpfende, in sich selbst ruhende Sein des Geistes.

Kai: Die fundamentalen Gebote, die Laien, Mönche oder Nonnen auf sich nehmen. Die Kai spiegeln die ursprünglich unkonditionierte Natur des Geistes wider, deshalb empfängt man sie als diese Natur, die in ihrem Wesen Leerheit ist.

Kalpa (Skt.): In der Hindu-Kosmologie ein Zeitraum von 4320 Millionen Jahren oder eine unermessliche lange Zeitspanne; der Zeitraum, in dem sich das Weltall einmal ausdehnt und wieder zusammenzieht.

Karma (Skt.): Verkettung von Ursachen und Wirkungen, die Handlung und ihre Konsequenzen. Abhängigkeitsverhältnisse zwischen Handlungen, Worten und Gedanken. Ergebnis oder Auswirkung einer Handlung. Die Lehre, die besagt, dass unsere gegenwärtigen Erfahrungen ein Ergebnis früherer Handlungen und Willensregungen sind und dass zukünftige Bedingungen von dem, was wir jetzt tun, abhängen.

Keizan Jôkin (1268 – 1325): Ein berühmter japanischer Zen-Meister, der unter Dôgen Zenjis Schüler Koun Ejô Mönch wurde. Nachfolger Dôgens. Er gründete Sôji-ji, eines der beiden Hauptklöster des Sôtô-Zen im heutigen Japan.

Kesa (Skt. *kasâya,* ocker/gebrochene Farbe): Symbol der Weitergabe der Lehre von Meister zu Schüler. Gewand Buddhas und der Mönche und Nonnen. Durch die Anordnung der Kesateile wird ein Reisfeld symbolisiert. Ursprünglich aus weggeworfenen, nutzlosen Stoffresten zusammengenäht und dann gefärbt, ist es ein Symbol dafür, dass die Welt der Illusion sich in die Welt der Erweckung verwandeln kann. Das Rakusu, für Alltag und Reise praktischer, ist ein kleines Kesa, das um den Hals getragen wird.

Ki: Unsichtbare Aktivität der kosmischen Energie. Wird zur Energie und Tatkraft des Körpers in jeder seiner Zellen.

Kinhin (Jap.): Langsame Gehmeditation, in überlieferter Weise, zwischen den formellen Sitzperioden. Kinhin trägt zur Lockerung der Beine bei, bei gleichzeitiger Aufrechterhaltung eines gesammelten Geisteszustandes.

Kôan (Jap., Chin. *kung-an*): Wörtlich „öffentliches Dokument". Im Rinzai-Zen ist ein Kôan ein Ausspruch oder eine Frage, die man nicht intellektuell verstehen oder lösen kann. Ursprünglich: „Gesetz, Regierungserlass." Widersprüchliches Existenzproblem.

Kôdô Sawaki Rôshi (1880 – 1965): einer der berühmtesten japanischen Meister unseres Jahrhunderts, der große Reformator des Zen, führte das Zen wieder zur ursprünglichen Frische und Einfachheit. Lehrer von Taisen Deshimaru.

Lotus-Sutra (Skt. *Sadharma-pundarîka-Sûtra*): Eine Schrift aus dem zweiten Jahrhundert; eines der wichtigsten Dokumente des Mahâyâna-Buddhismus; es lehrt, dass alle Wesen Erleuchtung erlangen können, betont die Bedeutung des Glaubens und lehrt das Mitgefühl des Bodhisattva-Weges.

Mahâyâna (Skt.): Die Schule des großen Fahrzeuges; auch nördliche Schule genannt, da sie u.a. in Tibet, der Mongolei, Korea und Japan Verbreitung gefunden hat. Das Mahayana misst allen Schülern des Buddha Bedeutung bei (Laien und Priestern, Männern und Frauen) und betont, dass alle vollkommenes Erwachen erlangen können.

„Großes Fahrzeug", die progressive Strömung des Buddhismus. Allumfassende Liebe und Aktivität für das Wohl der Menschheit. Der aktive Weg. Verbreitet in China, Tibet und Japan.

Mantra (Skt.): Mystische Anrufung, die in einigen Schulen des Buddhismus Verwendung finden, so in der Shingon-Schule in Japan und im tantrischen Buddhismus in Tibet. Grundlage ihrer geheimnisvollen Kraft sind die Laute der Mantras und nicht ihre Bedeutung.

Mondô: Fragestunde zwischen Meister und Schülern.

Mudrâ (Skt.): Eine symbolische Haltung des Körpers oder der Hände. Ihre Kraft liegt in der Haltung selbst; sie trägt dazu bei, die besondere Qualität von Wahrheit mitzuteilen.

Nirvâna (Skt.): Die ursprüngliche Bedeutung dieses Begriffes ist „Auslöschen" oder „Verlöschen durch einen Mangel an Brennstoff (Verlangen)". Nirvana bedeutet das Aufhören von Unwissenheit und das Einswerden mit Wahrheit oder Transzendenz von Dualität, von Gespaltenheit. Manchmal bezeichnet es auch den Zustand der Erleuchtung, den der Buddha erlangt hat.

Nyojô Zenji: Hauptlehrer Dôgens.

Pâramitâ (Skt.): Die höchste Vollendung. Im Mahâyâna-Buddhismus bezieht sich dieser Begriff auf die sechs Vollkommenheiten, die von Bodhisattvas geübt werden: Geben, Güte, Geduld, Tatkraft, Sammlung und Weisheit.

Prajnâ (Skt.): Transzendente Weisheit, die die Dualität von Subjekt und Objekt hinter sich lässt bzw. über sie hinausgeht.

Rôshi: „Alter Meister", japanische Ehrenbezeichnung mit der Bedeutung „Ehrwürdiger alter Lehrer".

Samâdhi (Skt.): Konzentration. Der höchste Zustand von Sammlung oder der Erfahrung von Einssein oder Nicht-Dualität; der einsgerichtete Zustand des Geistes.

Samsâra (Skt.): Wörtlich „Strom des Werdens"; die Welt der Veränderungen und der Unzufriedenheit. Samsâra spiegelt sich in den Bedingungen unseres täglichen Lebens und ist ausgerichtet auf die Aufrechterhaltung des Selbst (Ego).

Samu: Körperliche Arbeit.

Sangha (Skt.): Gemeinschaft von Meister und Schülern. Zur Zeit des Buddha die Versammlung der Mönche und Nonnen des Buddha; in der heutigen Zeit bezieht sich dieser Begriff, dem Mahâyâna-Denken zufolge, auf alle, die den Weg des Buddha gehen, d.h. gleichermaßen auf Laien und Priester.

Sampai: dreifache Verbeugung vor dem Buddha oder dem Meister, die Stirn am Boden, die Handflächen beiderseits des Kopfes zum Himmel gewandt (symbolisch für das Berühren der Füße des Buddha). Ausdruck des höchsten Respekts, den ein Zen-Mönch erweisen kann.

Sesshin (Jap.): Wörtlich „den Geist berühren" Eine intensive Periode der Konzentration von zwei bis sieben Tagen Dauer, bei der man den Großteil der Zeit, vom frühen Morgen bis späten Abend, in Zazen verbringt.

Shâkyamuni Buddha (Skt.): Der historische Begründer des Buddhismus, Gautama Siddhârtha, der im Alter von fünfunddreißig Jahren vollkommenes Erwachen erfuhr.

Shâriputra (Skt.): Einer der Hauptschüler des Buddha; auch unter dem Namen Upatissa bekannt.

Shikantaza (Jap.): „Einfach sitzen", sich auf die Zazen-Übung konzentrieren. *Shikan* bedeutet „Rückhaltlosigkeit" oder „mit ganzem Herzen", *ta* bedeutet „treffen" und *za* Zazen.

Shiki: Die Erscheinungswelt.

Shin jin datsu raku: Das Abwerfen, Fallenlassen der Vorstellung von Körper und Geist.

Shinjinmei: „Gedichtsammlung über den Glauben an den Geist", von Meister Sôsan (gest. 606), ältester Zen-Text.

Shôbôgenzô: „Die Schatzkammer der Erkenntnis des wahren Dharmas." Das Hauptwerk von Dôgen Zenji; der Titel lautet übersetzt „Schatzhaus des wahren Dharma-Auges". Es besteht aus 95 Büchern, die zwischen 1231 und 1253 n. Chr. verfasst wurden.

Shûyû Narita Rôshi (1914 – 2004) war Leiter des Tempels Todenji im Norden Japans und Bruderschüler von Meister Deshimaru. Er war der erste, der von Kôdô Sawaki das Siegel der Transmission des authentischen Dharma erhielt.

Skandha (Skt.): Die fünf Skandhas sind die bedingten, ständig sich verändernden körperlichen und geistigen Elemente, die ein Wesen oder eine einzelne Person ausmachen. Sie werden unterteilt in Form, Gefühl, Wahrnehmung, Willensregung und Bewusstsein. Der tiefen Einsicht des Buddha zufolge lässt diese flüchtige Anhäufung das Ich-Gefühl entstehen; außerhalb dessen lässt sich kein festes Selbst ausmachen.

Sôtô: Eine der beiden Hauptschulen des Zen-Buddhismus, die von Dôgen Zenji begründet wurde. Ihre Hauptpraxis ist Shikantâza. Die andere Hauptschule ist Rinzai.

In der Sôtô-Schule übt man Zazen ohne Zweck, ohne Zielvorstellung und mit dem Gesicht zur Wand. Der Meister gibt nicht systematisch Kôan, sondern alle Phänomene des Lebens werden zu Kôan.

Sûtra (Skt.): Wörtlich „eine Schnur, auf die Perlen aufgereiht sind." In der Theravâda-Tradition ist ein Sûtra eine Schrift, die zum Pâlikanon gehört und Aufzeichnungen der mündlichen Lehrreden des Buddha enthält. Im Mahâyâna-Buddhismus enthalten Sûtras nicht notwendigerweise die unmittelbar überlieferten Worte des Buddha, jedoch seine Lehren.

Taisen Deshimaru Rôshi (1914 – 1982) war von 1936 – 1965 Schüler von Sawaki Rôshi und kam 1967 nach Frankreich, wo er begann, die Praxis des Zen zu lehren – Zazen. Er hatte sehr viele Schüler und gründete über 100 Dôjôs. Meister Deshimaru gilt als einer der größten Zen-Meister unserer Zeit.

Tathâgata (Skt.): Eine Ehrenbezeichnung des Buddha mit der Bedeutung „So kommend" bzw. „So gehend" im Sinne von „Weder kommend noch gehend".

Theravâda (Skt.): Wörtlich „der Weg der Älteren"; manchmal auch mit dem Begriff Hînayâna (das kleinere Fahrzeug) bezeichnet; eine der drei großen Richtungen des Buddhismus, neben Mahâyâna und Vajrayâna.

Tenzo: Der Küchenchef im Tempel.

Tokudô: Die Zeremonie der Weihe des Eintretens in die Gemeinschaft und den Weg.

Wanshi Zenji (1091 – 1157): Begründer des „Zen der stillen Erleuchtung", Quelle großer Inspiration für Meister Dôgen.

Weg: Der Weg oder das tägliche Leben der Buddhas und der Praktizierenden des Buddhismus. Der Weg der Übung.

Zafu: Mit Kapok gefülltes Kissen für die Zazen-Übung. Der Buddha fertigte sich ein Kissen aus trockenen Blättern. Es ist notwendig, erhöht zu sitzen, damit man die Knie auf den Boden legen und die Wirbelsäule leicht gerade halten kann.

Zendô (Jap.): Eine Halle im Kloster, in der Zazen geübt wird. Wenn die Übenden in dieser Halle auch essen und schlafen, wird sie Sôdô genannt.

Zenji (Jap.): Eine Ehrenbezeichnung, wörtlich „Zen-Meister" oder „Lehrer". Sie wird heute im Sôtô-Zen nur für die Äbte der beiden Hauptklöster, Eiheiji und Sôjiji, gebraucht.

Quellennachweis

Deshimaru Taisen, „Hannya Shingyo",
Werner Kristkeitz Verlag, Heidelberg / Leimen, 1981.

Dogen Zenji, „Shobogenzo – Die Schatzkammer des wahren
Dharma-Auges" übersetzt von Nishijima Gudo Wafu und
Gabriele Linnebach, Band 1-4, Werner Kristkeitz Verlag,
Heidelberg / Leimen, 2001-2008.

„Dogen Zenji's Shobogenzo – Die Schatzkammer der
Erkenntnis des wahren Dharma", Band 1, 2, Theseus Verlag,
Zürich – München – Berlin, 1977.

Dogen Zenji „Shobogenzo – Die Schatzkammer des wahren
Dharma", Gesamtausgabe, Angkor Verlag, Frankfurt/Main,
2008.

Dogen Zenji, „Die Schatzkammer der wahren buddhistischen
Weisheit", Übersetzung des Shinji-Shobogenzo aus dem
Englischen von Dagmar Waskönig, Verlag, O.W. Barth, 2005.

Dogen Zenji, „Tenzo Kyokun", in Uchiyama Kosho, „Zen für
Küche und Leben", herausgegeben von F. Viallet, Aurum
Verlag, 1976. (Neuauflage: Angkor Verlag, 2007)

Dogen Zenji, „Fukan Zazengi", deutsche Übersetzung z.B. in
Dogen Zenji „Shobogenzo – Die Schatzkammer des wahren
Dharma", Angkor Verlag, Frankfurt, 2008.

Keizan Zenji, „Transmission of Light", übersetzt von
Th. Cleary, Shambhala Publications, Boston, 1990.

Keizan Zenji, „Denkoroku, The Record of Transmitting the
Light", übersetzt von Francis H. Cook, Center Publications,
Los Angeles, 1991.

Ryokan, „One Robe, one Bowl", übersetzt von John Stevens,
Weatherhill, New York, Tokio, 1977.

Sawaki Kodo, „An Dich", übersetzt von Muho,
Angkor Verlag, Frankfurt/Main, 2002.

Sawaki Kodo, „Zen ist die größte Lüge aller Zeiten", übersetzt
von Muho, Angkor Verlag, Frankfurt/Main, 2005.

Sawaki Kodo, „Shodoka, Le Chant de l' Eveil", Verlag Albin
Michel, Paris, 1999.

Wanshi Zenji, „Cultivating the Empty Field: The Silent
Illumination of Zen Master Hongzhi", übersetzt von
D. Leighton und Yi Wu, North Point Press, San Francisco,
1991.

Wei-Lang, „Das Sutra des sechsten Patriarchen", übersetzt und
herausg. von R. von Murault, Origo-Verlag, Zürich, 1958.

Infos
Veranstaltungen, Sesshin-Programm, Dojo-Adressen:
www.zen-vereinigung.de

Zen-Vereinigung Deutschland e. V.

Zen-Zentrum/Tempel Schönböken Mokushôzan Jakkôji
Hauptstr. 1
24601 Schönböken

Tel. 0 43 23 / 71 04
Fax 0 43 23 / 9 63 51

info@zen-vereinigung.de
www.zen-vereinigung.de

Bürozeiten:
Mo. - Fr. 8.45 - 9.30

Zen-Vereinigung Deutschland e.V.

Zen-Zentrum Berlin Shôgôzan Zenkôji
Rheinstraße 45
12161 Berlin

Tel. 030 / 8 51 20 73
Fax 030 / 8 59 11 95

info@zen-dojo-berlin.de
www.zen-dojo-berlin.de

Bürozeiten:
Di. - Fr. 9.00 -10.00 / So. 11.30-12.30